SixTONES

SixTONES

—無限の音色—

あぶみ瞬

太陽出版

プロローグ

2月17日発売の4thシングル『僕が僕じゃないみたいだ』で、オリコン週間シングルランキング（初週売上43.1万枚）とBillboard JAPAN〝JAPAN HOT 100〟（初週売上43.7枚）の初登場1位を獲得したSixTONES。

これで『Imitation Rain／D.D.』を除く、単独セールスでの『NAVIGATOR』『NEW ERA』と3作連続での初登場1位、初週売上40万枚超えを同時に記録。

同曲は松村北斗と森七菜がW主演した映画『ライアー×ライアー』の主題歌でもあり、CDセールス1位に加えてCD読み取り回数のルックアップとTwitterでも1位の3冠を達成するなど、トレンドとしても注目を集めた。

前作『NEW ERA』のシングル初週売上枚数からおよそ2.3万枚減とはなったが、1月に発売した1stアルバム『1ST』が初週売上47.2万枚をマークしたばかりで、SixTONESの勢いには一切の陰りは見えない。

『僕が僕じゃないみたいだ』は、日本レコード協会が発表した2021年2月度ゴールドディスクダブル・プラチナ（※最低出荷枚数50万枚）認定作品に選ばれ、2月のダブル・プラチナはSixTONES、King & Prince『koi-wazurai』の2曲のみ。

さらに日本レコード協会が発表した『第35回 日本ゴールドディスク大賞』では――

★シングル・オブ・ザ・イヤー2020『Imitation Rain／D.D.』（SixTONES vs Snow Man）『D.D.／Imitation Rain』（Snow Man vs SixTONES）

★ニュー・アーティスト・オブ・ザ・イヤー2020

★ベスト5ニュー・アーティスト

★ベスト5シングル

――以上の4冠を獲得。

中でもシングル・オブ・ザ・イヤー2020は、AKB48が2010年から2019年まで前人未踏の10連覇を継続していた記録を止め、SMAPや嵐の先輩たちでさえ太刀打ちすることが出来なかった相手を破る大快挙を、何とデビュー曲で達成したのだ。

メンバーは――

『大変な世の中でありながらも、僕たちのCDを手に取って聴いて頂いたファンの皆様のおかげです。本当にありがとうございます!』

――と、まずはファンに感謝を捧げ、ジェシーが、

『戦友でもあり、兄貴的存在としていろいろと学ばせてくれた先輩でもあるSnow Manと一緒にCDデビュー出来たことは、僕たちSixTONESにとっても一生の誇りです。

そしてデビュー曲『Imitation Rain』を作ってくださったX JAPANのYOSHIKIさんにも感謝です。

『Imitation Rain』は僕たちにとっての宝物であり、人生の最後まで歌い続ける楽曲になると思います。

今後も変わらず、全力で音楽を届けられるように頑張っていきます』

――と、喜びを爆発させた。

「また2020年で正味売上金額が最も多い新人アーティストに贈られるニュー・アーティスト・オブ・ザ・イヤーでは、JO1、Snow Man、NiziU、YOASOBI（※50音順）らのライバルに競り勝っての受賞だけに、こちらの価値も高い」（音楽ライター）

ジェシーは――

『CDデビューして以来、たくさんの作品をお届けすることが出来て、
またグループとしても個人としてもたくさんの番組や取材に呼んで頂き、
多くの方々にSixTONESのことを知って頂くきっかけを作って頂きました。
今後もSixTONESをさらに多くの方に知って頂けるように、
そして〝SixTONESがいてよかった〟と感じてもらえるように、
一層頑張っていきたいと思います』

――とコメント。

2020年にデビューした新人で〝最も売り上げた〟勲章は、間違いなく今年の勢いにも繋がっている。

一部にはバラエティ番組で大ブレイクしているＳｎｏｗ Ｍａｎと比較し、その露出の差を嘆いているファンもいると聞く。

しかしジェシーのセリフを借りるまでもなく、彼らは彼らのエンターテインメントとファンを信じ、これからも成長を続けてくれるに違いない。

そう、ＳｉｘＴＯＮＥＳはいつもノンストップで駆け抜けるだけなのだから――。

SixTONES
6×∞
SixTONES

目次

1st Chapter

ジェシー

Jesse

SixTONES

SixTONESが開けた〝新しい扉〟

2月17日にリリースされたSixTONESの4thシングル『僕が僕じゃないみたいだ』は、皆さんもご存じの通り、松村北斗と森七菜がW主演した映画『ライアー×ライアー』の主題歌。
映画は、変装した義理の姉に恋をする〝ウソから始まるありえない恋〟を描き、また楽曲もそれにリンクした内容となっている。

『今回、4曲目にして真正面からのラブソングじゃないですか。
だから演出チームとの打ち合わせでは――
「〝いかにも俺たち〟みたいな激しさを押し出すんじゃなく、
それぞれが詞に感じるイメージを表情で表現出来るような、
そんなパフォーマンスで臨みたい」――と話したんです』〈ジェシー〉

それは一種の〝挑戦〟でもあったとジェシーは振り返る。

ファンの皆さんや一般の視聴者が感じているSixTONESのイメージは、ワイルドで男の色気に溢れるパフォーマンスだろう。

ジャニーズファンの多くが「初期KAT-TUNの後継者」と認めるグループのイメージは、これまでの『Imitation Rain』『NAVIGATER』『NEW ERA』でもしっかりと継承されていた。


『それはよく言われるけど、あえて意識したことはないし、

「バラバラな個性を持った6人が集まった時の〝ベストパフォーマンス〟は、楽曲ごとに変わってもいいんじゃない？」――とは、ずっとメンバーで話していたんですよ。

だから4曲目で「おっ、チャンスじゃん。新しい扉を開けるじゃん」――って、第一印象で感じました』〈ジェシー〉

『ライアー×ライアー』の主題歌になる楽曲候補を聞いた時、ジェシーは一発で〝この曲しかないと思った〟という。

『メロディーラインがキレイで、めっちゃ爽やかなアレンジがつきそうだと感じたんです。角張ったワイルドなSixTONESじゃなく、「丸くなったSixTONESも見せられるぞ」――って。

それとすぐに――

「この曲なら嵐さんの『One Love』みたいなイメージのパフォーマンスが合うんじゃない？」

――と、頭の中に画が浮かんだんですよ』

それはジェシーの冒頭のセリフ――

『それぞれが詞に感じるイメージを表情で表現出来るような、そんなパフォーマンスで臨みたい』

――に表れていた。

同じ笑顔でも憂いを帯びた表情で歌い上げるその姿には、まるで「SixTONESはこんなパフォーマンスも出来るんだぞ！」と主張するかのような、そんな視線まで感じさせるからだ。

『アルバム『1st』の中にも当然ラブソングは収録されてますけど、
シングルの表題曲に王道のラブソングを持ってくるのは、
実はタイミングがめちゃめちゃ難しいんですよ。
変な話、それまで「俺について来い」と歌っていたのに、
いきなり「君に会いたいよ」とか歌うわけじゃないですか?
シングル曲にはそのグループのパブリックイメージを集約させるから、
真正面からのラブソングをリリースするタイミングは本当に難しい。
だから〝北斗の映画きっかけ〟っていうのは、
僕らにしたらラッキーなタイミングなんです』〈ジェシー〉

そんな王道のラブソングで、〝SixTONESだからこそ〟の世界観は表現することが出来たのだろうか。

『ラブソング、しかもシングルの表題曲だからこそ、これから先も歌い続けていくことになる。
でも5年先、10年先、極端にいえば1年先でさえ、
曲に対する理解度や表現方法が変わるのがラブソングだと思うんです。
2021年のSixTONESはこういう風に歌い上げたけど、
メンバーそれぞれがもう少し大人になったら、また違う表現方法やパフォーマンスになる。
ファンのみんなにはその変化を楽しんでもらいたいし、
その変化こそが〝僕たちのメッセージ〟だと感じて欲しいですね』

音楽番組初披露の『ミュージックステーション』(テレビ朝日)では、かつて嵐の『One Love』でも採用された演出方法と同じく、スタジオにはスタンドマイクと花が飾られていた。

しかし何年後かに再び披露する機会が訪れた時、おそらくジェシーは番組の演出サイドに注文をつけるのではないか。

デビューから4曲目にして、将来の〝武器〟になり得る楽曲を手にしたSixTONES。

1年後では早すぎるかもしれないが、5年後にはどんな表現とパフォーマンスを見せてくれるのか?

その成長が楽しみで仕方がない。

ジェシーから〝ツッコミ世界一〟への挑戦状！

『バラエティ番組のレギュラーを樹とやれるのは、僕の中ではものすごく大きい。
SixTONESの〝ツッコミ番長〟と一緒なら、遠慮なくボケられますからね。
……って、最初は思ったんですけど（笑）』〈ジェシー〉

ダウンタウンの浜田雅功がメインMCを務めるTBSのクイズバラエティ『オオカミ少年 Lie or Truth』。

もともとは2004年10月から2005年9月まで深夜枠で放送されていた番組だったが、昨年、不定期の特別番組として突然の復活。そしてこの4月には何と16年ぶりに、それも毎週金曜日の夜7時というゴールデンど真ん中のレギュラー番組として、奇跡の復活を果たしたのだ。

この『オオカミ少年』はVTRで出題される様々なジャンルの情報が「ウソ」か「ホント」かを、ゲスト解答者が当てるバラエティ。

メインMCの浜田雅功に、進行役アシスタントの日比麻音子（TBSアナウンサー）、そしてジェシーと田中樹の4名だけがレギュラー出演者で、ゲスト解答者にはゴールデンに相応しい人気タレントが揃う。

『レギュラーが4人っていうのは、僕らの喋りが編集でカットされる時間が少なくなるから、それはめちゃめちゃ大歓迎だし気合いも入るんです。

でも樹は僕に――

「お前のボケは基本スルー。

ツッコミ世界一の浜田さんの前で、俺クラスがツッコミを入れるのは10年から20年は早い」

――とか言うんですよ。

いやいや、いくら16年ぶりに復活したしぶとい番組でも、

さすがに10年から20年も待っていたら終わってるでしょ！』

以前からダウンタウンの大ファンだった田中は、この番組がCDデビューから初めてのレギュラー番組。

『浜田さんと同じ空間にいられることを想像しただけで背筋が伸びる』

――そうだが、田中が拾わなければ、ジェシーのボケが活きるはずがない。

『「だったらお前の憧れの浜田さんにボケ倒して、バンバン頭張られてやるからな！
浜田さんとの距離をめっちゃ縮めてやる！」
――って言ったら、
「それは困る。いや、イヤだ」
――って真っ青な顔してました。
でも番組のプロデューサーさんからも、
「ジェシーくんと浜田さんの絡みを期待してる」と言われてるんで、
樹よりも浜田さんと仲良くなってみせますよ（笑）』

他のエピソードでもお話ししているが、ジェシーはバラエティ番組に出演する際には――

『芸能界の先輩方との絡みを学ぶことで、自分のスキルを上げたい』

――という目的意識を持っている。

今回、田中が「ツッコミ世界一」と尊敬する浜田に〝ボケで挑む〟ことで、ジェシーは一回りも二回りも大きくなるはずだ。

「実は番組の関係者に聞いたところによると、浜田さんは『**新しくレギュラーを入れてくれ。俺とほとんど絡んだことがないぐらい新鮮な子で、芸人以外でリアクションがええ子ら**』――の要望を出していたそうです。制作サイドはジェシーくんと田中くんのコンビの他にも、Snow ManやキンプリのSnow Manや名前も出して浜田さんの様子を窺ったとか。すると『**Snow Man? 他にようけ出てるやん。SixTONESがオモロいならSixTONESでいこうや**』――と。気にしていたのは『**ジャニーズやけどバラエティに貪欲で体張れるかどうか**』――で、それについてはジャニーズ事務所側から〝基本NGなし〟の返事をもらっているそうです」（ベテラン放送作家氏）

深夜枠から16年越しでゴールデンのレギュラーを獲得した以上、浜田雅功は「こんな番組ないやろ。深夜で放送してたの覚えてはる人、どれくらいおるんやろ。せやから今回、絶対に忘れられへん番組にせんとアカンわな」と、失礼ながら珍しく（？）ヤル気に満ち溢れているようだ。

『つまりそれって、〝俺と樹にかかってる〟ってことですよね。

あまり気負いすぎると失敗しちゃうから、プレッシャーを楽しむつもりで頑張りたいです。

たとえばだけど、目標は緊急事態宣言の時に〝夜8時までは遊べる〟と思っていた人たちに、「金曜日は夜7時までには帰りたい。『オオカミ少年』見たいから」って思わせること。

テレビにはたぶん、そういうモチベーションを生み出す力があると思うし、あって欲しいから』

きっと浜田雅功も「お前ら、ええ心掛けやな」と認めてくれるに違いない。

あとは結果を出すだけ！

田中樹が〝ツッコミ世界一〟と尊敬する浜田雅功を向こうに回し、ジェシーの華麗なるボケが炸裂することを期待して番組を楽しみにしよう。

大先輩ヒロミと築き上げる〝信頼関係〟

さて先ほど、

「ジェシーはバラエティ番組に出演する際には〝芸能界の先輩方との絡みを学ぶことで、自分のスキルを上げたい〟目的意識を持っている」

――とお話ししたが、さっそくそのことについてのエピソードをご紹介するとしよう。

それはおよそ2年前からジェシーがレギュラー出演している〝八王子リホーム社（※日本テレビ『有吉ゼミ』内コーナー企画）〟での出来事がきっかけだった。

「〝八王子リホーム〟はご存じ東京都八王子市出身の先輩・後輩、ヒロミさんとタレント時代の滝沢秀明くんの関係で立ち上げたリフォーム企画です。2018年いっぱいでタレント活動から引退した滝沢くんが、その5ヶ月後に後継者としてジェシーくんを送り込んだ。その番組内のやり取りについて、中居正広くんが〝一丁噛み（※いっちょかみ＝口を挟む）〟してきたんですよ」

話してくれたのは、ヒロミとは公私に渡るつき合いのTVディレクター氏だ。

「いつの（放送）回を見たのかはわかりませんが、たまたま日本テレビで顔を合わせたヒロミに、中居くんが『あいつ、あのままでいいんですか？』――と不機嫌そうな顔で詰め寄ったというのです。〝あいつ〟と言われても誰のことかわからないヒロミが戸惑っていると、いきなり『ジェシーに決まってるじゃないですか！』――と声を張り上げたそうです」（TVディレクター氏）

中居は――

『自分はヒロミさんの（芸能界の）後輩として、
自分のジャニーズの後輩がタメ口を叩くのが許せないんですよ』

――と、ヒロミに迫ったという。

それは〝八王子リホーム社〟のVTRの中で、ジェシーがヒロミに対して――

『ち〜っす』

――と挨拶したことについてだった。

「確かにジェシーくんはヒロミに〝ち～っす〟と言いました。中居くんは『あんな挨拶、俺らの若い頃には考えられなかった』と言って、『どうしてブッ飛ばさなかったんですか？　ブッ飛ばしたけど編集でカットされただけですか？』――と、うっすら涙まで浮かべながら訴えたのです。まあ、中居くんたちが飛び込んだ昭和の終わりから平成にかけての芸能界は、今のジャニーズ事務所のメンバーが言う〝体育会系〟とは次元が違う〝ゴリゴリの上下関係〟でしたからね。そんなぞんざいで適当な挨拶をしたら、腹に2～3発は蹴りを喰らってますよ」（同TVディレクター氏）

ちなみに顔を殴らないのは、目の回りに青タンが出来ると、現場のスタッフたちに迷惑をかけるからだ。

「中居くんはヒロミから納得のいく答えが返ってこなかったら、自分がジェシーくんを呼び出して決着をつけるつもりだったようです。しかしヒロミから逆に『中居、今はそんな時代じゃないぞ』――と、軽くお説教をされてしまったんですよ（苦笑）」（同氏）

確かに中居には申し訳ないが、ジェシーがヒロミに『ち～っす』と挨拶をしてもコンプライアンスには引っ掛からないが、そのことでヒロミがジェシーに手を上げたら一発退場。それが現代のテレビ界におけるコンプライアンスだ。

そう諭しても納得しない様子の中居だったが、ヒロミに――

『違うんだよ。
ジェシーはそうやって距離を縮めて、俺との絡みで手応えを感じたりしてんの。
あいつはお前が考えているほど無礼なヤツじゃなくて、
俺に対してのギリギリのデッドラインを見極めてんだよ』

――と明かされると、まさに〝えっ!?〟と絵に描いたような表情で呆気に取られていたという。

『〝ち～っす〟なんか大したことないし、
そういうラフな挨拶を交わせるようになってから、
ジェシーとの絡みがより楽しくなった。
完全に息子を見る目線だから』

――と、ヒロミが言うまでの間柄に関係を深めていたのだ。

「中居くんはヒロミに『お前は俺とジェシーの初対面から〝ち〜っす〟に至るまでの経過を見てないから、俺たちの絡みの向こう側にある信頼関係も見えてないだけだよ』──と言われ、微妙に寂しそうな表情をしていましたね。でもこれで、自分がジャニーズの後輩と絡んだ機会にどうすればいいか、彼にとっても良いヒントになったと思いますよ」（同氏）

そういえばヒロミ、このジェシーをはじめとした若い世代のジャニーズと絡むようになってから、「女子のファンレターが増えた」とニヤニヤしているとの噂が……。

「それは確かにその通りですが、でも結局は〝ジェシーくんをよろしくお願いします〟とか〝もっとジェシーくんと仲良くなってください〟とか、自分の担当をバックアップするようなファンレターばかりのようです（笑）」（同氏）

それでもヒロミは──

『いいんだよ！
とっくに50（才）を過ぎたオジさんは、それでも嬉しいんだよ!!』

──と真っ赤な顔で言い張るほど、内心ではめちゃめちゃ喜んでいるそうだ。

『芸能界の先輩方との絡みを学ぶことで、自分のスキルを上げたい』

芸能界の大先輩ヒロミとの信頼関係を上手に築き上げているジェシーは、確実に自らのスキルを上げているようだ。

ジェシーの笑顔の〝裏側〟にある秘密

『もう全然子供の頃、ジャニーさんに言われたんです。

「ユーは将来、ハーフでカッコよくなるけど、ツンツンしちゃいけない。

いつも笑ってなさい。エマニエル坊やみたいにね。

そうしたらどれだけカッコよくなっても反感は買わないから」——って。

その時は意味もわからなくて、ただジャニーさんの言う通りにいつも笑ってたから、
こんな性格になったのかも。

……てか今もわからないんだけど、〝エマニエル坊や〟って誰(苦笑)!?』〈ジェシー〉

この話を聞いた時、まず驚かされたのはジャニー喜多川氏の慧眼だ。

ジェシーがジャニーズJr.入りしたのは2006年9月。当時は10才の小学4年生だったが、同じ空手道場に元ジャニーズJr.のジョーイ・ティー(※現 丞威)が通うようになり、そのジョーイ経由でジャニー喜多川氏にスカウトされたのは有名な話。しかしその裏に、ジャニー氏のハーフメンバーに対する配慮があったのは知らなかった。

ちなみに〝エマニエル坊や〟とはジェシーが生まれる15年も前、1981年にクラリオン(カーオーディオ)のCMに起用されたアメリカの人気子役。来日した際には数多くのバラエティ番組に出演し、またCMソングの『シティ・コネクション』を発売。オリコンランキングで2位に輝くほどの大人気ぶりだった。マイケル・ジャクソンとの親密交流でも知られていたので、ジャニー氏とも面識があったのかもしれない。

「確かにジェシーをはじめ、ジャニーさんがハーフのメンバーを積極的にスカウトしていたことは知られてますが〝いつも笑ってなさい。そうしたらどれだけカッコよくなっても反感は買わないから〟というのは、タレントを育てる上での裏技というか、感心してしまいますね」

生前のジャニー喜多川氏とも親交があったテレビ朝日プロデューサー氏でさえ、「そんな指導法は知りませんでした」と語る。

「ジェシーくんを見ていて、いつもギャグを飛ばして笑顔が印象的な明るいキャラクターだとは思っていました。そしてあのルックスとキャラクターのギャップに、多くの視聴者が好感を抱いています。でも考えてみれば、彼の笑顔の裏側に、改めて〝ハーフならではの偏見に晒されていたのでは？〟……と、ジャニーさんのセリフを聞いて思ってしまいますね」（テレビ朝日プロデューサー氏）

ジェシーが生まれたのは近年の1996年とはいえ、彼が子供の頃には多少なりともハーフに対する偏見があったはず。

あの明るいキャラクターがどこで培われたのか、それがもしジャニー氏の言葉によるものだとしたら、こんなに感慨深いものはないだろう。

これまでは誰もが、ジェシーの明るいキャラクターは持ち前の性格によるものだと思っていたに違いない。

いや実際には8割方はそうかもしれないが、「ジェシーの〝陽キャ〟を表に引き出したのはジャニー氏だったのでは？」と信じてみたい。

『自分としては偏見がどうこうよりも、
笑顔で過ごすと〝毎日が楽しくなる〟ことを、
ジャニーさんに教えてもらったと思ってますね。
なかなかデビュー出来ずに正直腐っていた時期に、
ジャニーさんに――
「ユーは最近暗いよ。
そんなんじゃ誰も笑顔に出来ないよ」
――と言われた時、
自分が笑顔でいればファンのみんなも笑顔に出来る、周囲のみんなを笑顔に出来る。
それをまた教えてもらったんです』

それからのジェシーには、もう迷いはなかった。

「バラエティ番組や音楽番組に出演している時のジェシーくんはほとんどの場面でニコニコと笑っていて、それ以外の顔はほとんど記憶にないほど。たまにSixTONESのYouTubeを見ると、テレビに輪をかけて大笑いしている。特に自分でボケて自分に爆笑している姿は、見ているこっちもつられて笑ってしまう。あの『有吉ゼミ』の〝八王子リホーム〟でも、ヒロミくんに叱られながらも決して明るさを失わないところに、彼のキャラクターが如実に表れている。明るくチャラチャラしているように見えて、手を抜かずにちゃんと決めている。だからこそヒロミくんとの間にも、叱られても遺恨のようなものが残らない」（同テレビ朝日プロデューサー氏）

決めるところは決めるといえば、何よりも歌唱力を含めたパフォーマンスだ。

そのギャップがあるからこそ、ファンの皆さんは〝ジェシー沼〟にハマって抜け出せない。

……いや、抜け出す必要などまったくないのだが。

ジェシーの笑顔は、今日もみんなを笑顔にし、明るい気持ちにしてくれている——。

〝グループ表紙〟への強いこだわり

『今、なんか〝グループ対抗表紙獲得合戦〟みたいになっていて、
それがリアルに形勢不利な気がするのは俺だけ（苦笑）？
ちょっとここは、全力で勝ち抜きたいんだけど』〈ジェシー〉

今年に入ってからのおよそ3ヶ月間で『Ray』4月号をはじめ、『女性自身』（3／9号）、『QLAP!』（3月号）、『AERA』（2／22増大号）、『Talking Rock!』（3月号）、『CanCam』（3月号 特別版）、『Myojo』（3月号）、『ポポロ』（3月号）、『音楽と人』（2月号）、『an・an』（1／13号）などの雑誌でグループ表紙を務めたSixTONES。

定番のアイドル誌から女性ファッション誌、女性週刊誌、音楽雑誌、エンタメ誌まで様々なジャンルの雑誌を網羅。

正直、これだけの活躍を見せていて、ジェシーが『形勢不利』と言う理由がよくわからないのだが……。

「ジェシーくんに言わせると、それは1月から2月にかけてアルバムとシングルのリリースが続いたからで、実感として〝今SixTONESを起用して売り上げを伸ばしたい!〟空気を感じなかったというんです」

NHK BSP『ザ少年倶楽部』プロデューサー氏は、「彼のこだわりがあそこまで強いと思わなかった」と、ジェシーが――

『〝SixTONES〟として6人で雑誌の表紙に起用されたい。
誰よりも』

――と語っていたことについて話してくれた。

「去年の11月頃から、緑というか青というかオジさんには表現し難い髪色にしているジェシーくんですけど、TBSの番組(『オオカミ少年』)が始まったらどうするのか、聞いてみたんです。その時、たまたま〝雑誌の表紙で見たほうが(髪色の)インパクトがあるね〟みたいな流れの話になって」
(『ザ少年倶楽部』プロデューサー氏)

ジェシーは冒頭のように話し――

『デビュー10年以下のグループにとっては、表紙は名前を売るチャンス』

――と持論を展開したという。

今年はKis-My-Ft2とSexy ZoneがCDデビュー10周年を迎えるので、自然と2014年デビューのジャニーズWEST以降のKing & Prince、Snow Man、そして自分たちSixTONESの4組を指すことになる。

「とにかく彼は、その4組の中で『どこよりも雑誌の表紙を獲りたい』――そうで、モデルを務める自分の単独表紙よりもグループ表紙に異様なこだわりを見せていました」（同プロデューサー氏）

ちなみに実際、4組が今年に入ってからグループ表紙を飾った回数を3月現在でカウントしてみると、まずSixTONESが今年1月から3月まで表紙に起用されたのは10誌で、Snow Manは15誌とやや水を空けられている。しかしKing & Princeは5誌、ジャニーズWESTは4誌で、Snow ManとSixTONESだけがジャニーズでも群を抜いて多い結果を示していたのだ。

「それだけでいうと、確かにライバルは〝Snow Man〟。でも今年はまだ4分の1が過ぎただけで、その程度の差は挽回することが出来る。するとジェシーくんは『僕たちが増えれば相手も増える』――と言うばかりでした」(同氏)

雑誌の表紙はコンビニや電車の車内広告で目に入り、SixTONESに興味がない人にも訴求力があるのは間違いない。

それにしてもなぜジェシーは、こだわりすぎるといっていいほどの執着を見せるのだろうか。

『雑誌の表紙はテレビ番組と違って、当たり前だけど静止画のままじゃないですか。
僕はその静止画からイメージさせる世界観とか、
目にした人が想像を膨らませるようなテーマを演じるのが好きなんです。
もちろんそれは個人でも出来ますけど、でもグループだからこそ表現方法がより増える。
そしてどうやったら〝SixTONESを知らない、SixTONESには興味がない〟人の目を
惹きつけ、興味を持ってもらえるようになるか。
そうやって食いついてくれた人をSixTONESのファンにする〝無駄な自信〟だけは、
めちゃめちゃあるんです』

SixTONESの音楽に、SixTONESのパフォーマンスに、〝新しいファン層〟を導くためにも、たくさんのグループ表紙でアピールしていきたい。

他のグループや業界人の中には「そんな些細なきっかけでファンが増えると思わない」という者もいるだろう。

しかしジェシーは堂々と、胸を張って言い放つ――。

『やる前に結果が出るわけじゃないのに、みんな〝やらない言い訳〟しか探さないんだな』

――と。

ジェシーの、この〝積極的なこだわり〟と、自身が言う〝無駄な自信〟が今後、SixTONESが新たなファン層を獲得していく原動力となるはずだ。

ジェシーフレーズ

『人生は一度きりだけど、トライするチャンスは無限にある。
一度きりの人生をいかに生きるかは、
そのトライの濃さや回数で決まるんじゃないかな』

人生は一度しかない。だからこそ言い訳で彩りたくはない。
どうすればいいのか?……の答えをジェシーが教えてくれた。

『自分には、人に誇れるような知識はないけど、
「自分がどう生きていきたいか、そのためには何をやればいいのか」
――それを選択して実行に移す知恵は誇れる』

知識はないけど知恵はある。これぞ人生を成功に導くための方法。
知識はあっても知恵がなくては、そこには失敗しか待っていない。

『ライバルがいなくなって一番困るのは自分。
だってライバルがいなくなると、自分の力も弱くなるからね』

まさにSnow Man、そしてKing & Princeを念頭に置いているかのような、ジェシーのセリフ。そこから滲み出るのは、ライバルは「強ければ強いほど、俺たちも楽しい」——の自信。

2nd Chapter

京本大我

Taiga Kyomoto

SixTONES

レギュラー番組最終回で明かした〝秘密〟

『自分的には、
SixTONESとしてレギュラー番組が終わる感覚を味わうのが初めてだったから、
当日も最後の最後までずっと不思議な感覚でしたね。
たぶん、「冷静に受け止めて冷静に終わらせなきゃいけない。それがプロの務め」――みたいに、
無意識に考えていたんでしょう』〈京本大我〉

SixTONES、Snow Man、そしてジャニーズJr.ユニットのTravis Japan。

この3組が週替わりでパーソナリティを務めていた『らじらー! サタデー』(NHKラジオ第1)から、SixTONESとSnow Manが3月いっぱいで卒業した。

「SixTONESにとっては単独の冠番組ではありませんでしたし週替わりでもありましたけど、ラジオ番組の初レギュラーとして2年間出演してきました。その間、ジャニーズJr.のおよそ20年ぶりの東京ドームコンサートとデビュー発表、そして2020年1月22日のCDデビューと、この番組がその喜びをリスナーやファンに届けられる唯一の場。今は立派に『オールナイトニッポン』の人気パーソナリティですが、それでも完全な全国ネットのレギュラーがなくなるのは、本人たちも寂しいでしょうね」

話してくれたのは、NHKラジオのプロデューサー氏だ。

「SixTONESの最終回には、ジェシーくんと大我くんのペアが出演しましたが、2人ともまったく実感がない様子で、番組冒頭から『(終わるのが)早くない?』『ドッキリですか!? これ?』――と、戸惑いながらのスタートでした。特に大我くんは『実際、〝卒業〟と聞かされて日にちも経ってない。この番組から卒業することを、まだ飲み込めていない部分もある』――と〝未練たっぷり〟に見えました」(NHKラジオプロデューサー氏)

それは2人の、その後のトークからもわかる。

最終回に臨む気持ちを漢字1文字で表す話題になると、ジェシーは土曜日の「土」と発言したが、京本は溢れるの「溢」と答えたのだ。

『それは本当に、いろんな思いが溢れていましたからね。

ジェシーに「その気持ちを漢字1字に」とツッコまれても、全然上手く返せなかったぐらいに。

それと僕ら以外のメンバーのボイスメッセージが流れた時も、
ぶっちゃけウルっとしていたのがバレていたと思いますよ。

そこはテレビじゃなくラジオでよかった（笑）』

中でも京本が最もウルっと来たメッセージは〝文字にすると一番大したことがない〟高地優吾のメッセージだったという。

『Jr.時代も含めるとラジオのお仕事ってそんなになかったけど、
とても勉強させて頂いたなって思います。
またＴｒａｖｉｓ Ｊａｐａｎとか他のJr.が出るときにゲストがあったら、
喜んで尻尾を振って行くので、ぜひ呼んでください』〈高地優吾〉

――なるほど。確かにごく普通かも。

『高地はメンバーで一番出ていて、
デビューしてからもリーダーのプレッシャーと戦ってくれてるじゃないですか。
きっと彼なりに言いたいこともあると思うのに、
すごい大人のコメントでまとめていた。
そこにアイツの〝偉さ〟を感じたら感動しちゃいました』

それはきっと、言葉の裏に高地の2年間を感じたからだろう。
ところが――だ。
そんな高地のボイスメッセージに感動しつつも、京本は〝明かさなくてもいい〟高地の秘密を、
最終回に暴露してしまう。

リスナーからの質問に答える〝QUES-i-xTONES〟のコーナーで、

「グループを結成してから一番大ゲンカしたメンバーは誰ですか?」

――という質問を取り上げ、ジェシーに、

『結成する前は大我と慎ちゃん、いつもなんかやってたけどね』

――と森本慎太郎との仲をイジられた京本は、SixTONESになってからは『あんまりないよね』と認めたついで(?)に、

『打ち合わせでヒートアップする人は決まってる。
それを見ながら、髙地がやたらとイライラしてて。
一番貧乏ゆすりしてるの、髙地だったりするね』

――と、髙地にしてみれば完全にもらい事故のパターンで〝イラち(※すぐにイライラする人)〟〝貧乏ゆすり〟のキャラにされてしまったのだ。

そのうえ一番気になる〝会議で熱くなる〟メンバーの名前を明かさなかったことで、ますます高地優吾の〝素顔のインパクト〟が残ってしまうことに。

『仕方ないじゃん。
ガチにキレたら手がつけられないの、髙地なんだもん』

せっかくさっき――

『アイツの〝偉さ〟を感じたら感動しちゃいました』

――って〝いい話〟してたばっかりなのに……。
でもそれはきっと、リーダーの〝SixTONESを引っ張っていこう〟というアツい想いをメンバー全員で感じているからこその、京本からの〝愛あるイジリ〟なのだろう。

『御朱印に取り憑かれた京本大我』の本気度

『最近は、これまで僕に興味がなかったメディアの方から、
〝御朱印〟について問い合わせやオファーがあるみたいです。
でも今のところ『沸騰ワード10』さん以外では、
御朱印に関係する同行ロケは遠慮しようかな……と。
そんなこと言っといて、もし秘宝や秘仏を見せてもらえる時は一瞬で寝返るんで、
そこは許してやってください（笑）』〈京本大我〉

時期的にいうと〝平成29年頃から〟プライベートでご朱印を集め始めた京本大我。

現在『沸騰ワード10』の人気企画になっている「御朱印に取り憑かれた京本大我」は、CDリリースのタイミングで過酷な御朱印探しの旅に出る京本に密着。

まさに〝取り憑かれた〟かのように前進する京本の〝素〟が魅力的だ。

『リアルに言うと、隣にカメラがあるからこそ頑張れているんだと思います。

普段、プライベートでもらう御朱印は、あんな山奥に命懸けで挑んだりしませんから。

僕はSixTONESというグループの一員なので、ケガをしてメンバーに迷惑はかけられない。

危険なロケはカメラに撮られていることを意識して、
普段の何倍もアドレナリンが出ているんだと思います』

そもそも京本にとっての御朱印は、宗教的な意味合いよりも〝パワースポット〟的な意味合いが強かったという。

「大我くんが御朱印に興味を持ったのは、彼のお祖父さんとお祖母さんがSixTONESのデビューを祈願するため、毎朝神社に通っていたことがきっかけだそうです。お二人はパワースポットとしての神社を信じていて、話を聞くうちに大我くんも興味を持ち始めた。今は集め始めて5～6年で、軽く60印を超えています」

話してくれたのは、同番組の制作スタッフ氏だ。

「最初は番組でも『○○に取り憑かれたジャニーズ 謎の御朱印愛 京本大我25才 異常な私生活』と煽り、視聴者の好奇心を刺激したのは事実です。しかし同行ロケを重ねるうちに、彼の〝本気〟が僕らにもビンビン伝わってきて、すべてを見届けたくなったんです。しかも初回のロケから、御朱印好きの間でも難所として知られている鳥取県東伯郡三朝町の山中にある三徳山三佛寺。本気で御朱印を愛していなければ、あそこまでは登れません」（制作スタッフ氏）

続く第2弾は11時間ぶっ通しのロケになった、愛媛県西条市の石鎚神社。霊峰と呼ばれる石鎚山の山中には他に成就社、遥拝殿と頂上社があり、早朝5時から夕方の4時までのロケで何とか4社を回り切る。

「今年の第3弾は、映画『八日目の蝉』でもロケ地になった香川県小豆島の〝奥之院 笠ヶ瀧寺〟です。標高313ｍの山頂に位置する寺院で、〝天空の仏様〟と呼ばれるご本尊の不動明王が、大我くんを上から睨み下ろしていましたね」（同制作スタッフ氏）

入手困難な御朱印を求め、険しい山を登って寺社を訪れる京本大我。

その奮闘ぶりや真摯な姿勢は大きな反響を呼び、ＳＮＳでは「ＣＤリリースするたびに山登る系アイドル」として話題になっているとも聞く。また今回は目的の〝天空の仏様〟以外にも、急勾配の岩盤を登り切った先に広がる絶景に涙が出るほど感動する京本。

すでに視聴者から高い支持を集めているのは、そんな彼の姿がストレートに胸を刺すからだ。

「しかも今回のロケでは〝あるシーン〟にファンの目が釘付けになり、すぐさまネットで大きな話題になる出来事もありました。それはこれまで〝アクセサリーをつけない〟ことで知られていた大我くんが、何の前触れもなく現地で指輪を購入したからです」（同氏）

小豆島に到着すると、まずは新鮮なエビが入った海鮮丼など地の食材を堪能する京本。目指す奥之院笠ヶ瀧寺までは石の階段をおよそ30分上り、さらに火山岩で出来た急坂を上り切らなければ入口の洞窟にすら着かない。洞窟には「幸せくぐり」と呼ばれる六角形のくぐり岩があり、そこをくぐると願い事が叶い、幸せになれるというジンクスがあるとか。

さっそく京本も幸せくぐりに挑戦するが、スリムな彼でさえ『ギュウギュウで先に進めない』と苦戦し、ようやくくぐり抜けると――

『幸せになった気がします』

――と爽やかな笑顔を見せる。

その洞窟を抜けた本堂に、物議を醸した京本がお目当ての開運アイテム〝指守り〟が売られていた。

はめる指によって叶う願い事も異なるので、京本は開運をもたらす左手小指の指輪を手にし、新曲ヒット祈願も込めて購入。奥之院笠ヶ瀧寺で御朱印をもらった京本は、今回の最大の目的である〝天空の仏様〟を目指し、さらなる険しい山に挑む。

そこでスタッフから「何でこんな頑張るんですか?」と質問された京本は——

『去年『紅白歌合戦』に出場させてもらったんですけど、そこがゴールじゃないので、甘んじることなくグループとしても一皮も二皮も剥けていけたらなと。成長していきたいなと』

——と語り、必死の想いで瀬戸内海を一望できる天空の仏様とご対面。

『めっちゃ気持ちいい!』

——と、絶景を眺めながら達成感を口にする。

そこには、清々しいほどどこまでも〝素〟の京本大我がいた——。

京本大我を囲む〝京本会〟3人の幹部

すでにSixTONESファン、ジャニーズJr.ファン以外にも認知が広がっている〝京本会〟の存在。
最大派閥でもある嵐・櫻井翔の〝アニキ会〟が新型コロナ禍や嵐の活動休止、ナンバー2・上田竜也の「KAT-TUNデビュー15周年問題」、ナンバー3・菊池風磨の「Sexy Zoneデビュー10周年問題」などが重なり開店休業状態にある中で、京本会の幹部メンバーたちは――

『今がチャンス!
もちろんアニキ会は偉大で尊敬できる会だけど、ここは京本会が大きくなるチャンス。
ジャニーズの第一党、つまり与党になるのは今しかない!』

――と、意気込んでいるようだ。

「京本会には〝スタメン（※スターティングメンバー）〟と呼ばれる、会を立ち上げた3人の幹部メンバーがいます。それが宮近海斗くんと七五三掛龍也くん、松倉海斗くんの3人で、彼らは言わずと知れたTravis Japanのメンバー。その他、Travis Japanの残り4人も京本会に参加したことがあるので、周りからは『実質トラジャ会』『さすがに聞こえが悪いから、トラから虎で〝猛虎会〟ってのはどう？』『それじゃ単なる阪神ファンの応援サークルだろ』……など、いろいろと言われてますけどね（笑）」

NHK BSP『ザ少年倶楽部』制作スタッフ氏は、

「確かに端から見ていると、〝京本会の名の下に集まろう！〟と積極的にメンバーを募っているのはその3人。大我くんは『今はコロナで集まれないんだし、メンバーを増やす意味ないよ』――と苦言を呈していました。それでも3人は最大派閥を目指しているようですよ」

――と、この3人の尋常じゃない〝京本愛〟が、京本会を支えているのだと語る。

「それだけ大我くんが慕われている証拠であることは間違いありません。しかし3人はそれぞれ個別でも大我くんと交流しているので、逆に〝会〟にすることで極力〝抜け駆け〟を防ぐ目的もあるのかな？……なんて感じることもありますね（笑）」（『ザ少年倶楽部』制作スタッフ氏）

さすが現場でメンバーと接しているだけに、よく観察されているようだ。

ここでは制作スタッフ氏にその3人の幹部と京本の関係について、感じたことを話して頂くとしよう。

「Travis Japanのリーダでもある宮近海斗くんは、周りのメンバーに言わせると〝京本会の時の宮近が一番素に近い〟そうです。いつもはグループを引っ張る立場なので、先輩の大我くんがいる時は〝気を張る〟必要がないのでしょう。もともと、大我くんと共演する機会が多かったので、コロナ禍の前は**『よく会うサイクルに入ると、海斗は週3ぐらいで食事に行ってた』**――と大我くんも話していましたね。また大我くんが急に思い立って〝どこどこの御朱印が欲しい！〟と言い出すと、仕事さえ入っていなければ必ずつき合うタイプ。たぶん、大我くんの美声をカラオケで一番聞いているのは宮近くんでしょう」（同制作スタッフ氏）

最後のひと言は京本会のメンバーも羨む、〝つき合いの良い〟宮近だけの特権かも。

「名前も同じでジャニーズJr.への入所も宮近くんとほとんど同期だという松倉海斗くんですが、京本くんとの共演は宮近くんにかなり負けているようです。でも宮近くんにはない、松倉くんだけの〝繋がり〟があります。それが趣味のギターを通した交流です」（同氏）

ジャニーズではグループや年令が違っても、様々な趣味で結びつく先輩後輩は多い。特に音楽の場合、お互いが奏でる音で会話する〝セッション〟を通し、より関係が深まることも珍しくないのだ。

「松倉くんがまさにそれで、大我くんも『**いつかは2人のセッションをみんなに見てもらいたいし、バンドを組んでライブもやってみたい**』――と、楽しそうに話していたことがあります。特に松倉くんは人見知りらしいので、もし音楽がなければ、京本会の幹部に上り詰めるほど関係性が深まっていなかったでしょう」（同氏）

最後の七五三掛龍也はSixTONESでは松村北斗とも同期で、切磋琢磨してきた関係だ。

「おそらく〝距離感が最も近い〟のは七五三掛くんですね。時にはタメロでじゃれ合っている姿も見てますし、2人で揃って帰っていく姿も見ています。北斗くんによると『**大我の家に一番上がったことがあるのも七五三掛じゃない？　僕よりも全然多いですよ**』――だそうで、幹部は幹部でも大我くんに唯一意見することが出来る〝右腕的な存在〟と言えるでしょう」（同氏）

有名俳優・京本政樹の息子に生まれ、幼い頃から芸能界の大物たちに可愛がられてきた京本大我。

ジャニーズJr.から実力で這い上がり、さらにはミュージカル俳優としても羽ばたきつつある彼を囲む、愛すべき後輩たち。

彼らが奏でる音色は、ジャニーズ中に響き渡り、いずれ〝アニキ会〟を超えていく日も近いだろう――。

『御殿』で掴んだ〝トーク番組攻略法〟

幼い頃から芸能界の大物たちに可愛がられてきた京本大我。

だがこの大物からは、直接可愛がられた記憶はないという。

しかし京本にとって、いや京本家にとって他のどの大物よりも深い因縁で結ばれていると言っても過言ではないのが〝明石家さんま〟だ。

明かされたのは今年の2月、京本が初出演した『踊る！さんま御殿!!』（日本テレビ）の番組内でのトークだった。


「この日が『御殿』初出演だった京本くんは、実は本番前にさんまさんのもとを訪れ、『ツカミでお母さんとさんまさんの話をしていいですか』――と頼みにいっているんです。さんまさんが『俺はかまへんけど、お父さんお母さんの了解は取ってんのか？』と確認すると、京本くんは満面の笑みで『大丈夫です！〝バンバン喋ってこい〟と言われてますから』――と胸を張ってました」（番組スタッフ）

一部のファンの皆さんには知られていた話かもしれないが、京本大我は有名俳優・京本政樹の息子という看板だけではなく、実は母親も元芸能人、それも女性3人組のアイドル〝きゃんきゃん〟のセンターを務めていた女性なのだ。

「大我くんのお母さん、旧姓〝山本博美さん〟は1982年から1983年にかけての短い期間ではありましたが、確かに〝きゃんきゃん〟というアイドルグループに加入していました」

話してくれたのは、1980年代前半に「アイドルに夢中になっていた」と明かす、売れっ子放送作家氏。

「山本さんは関西の人気バラエティ番組が番組内で行っていた〝ミス・アイドルコンテスト〟でグランドチャンピオンになり、1982年6月に当初は〝キャンキャン〟のグループ名でデビューしました。しかしすぐにグループのセンターを他のメンバーから山本さんに替え、ひらがなの〝きゃんきゃん〟で心機一転のスタートを切り直したのです。ところが1982年といえば中森明菜と小泉今日子を筆頭に、早見優、堀ちえみ、石川秀美と稀に見る女性アイドルの豊作年。加えてその2年前の1980年にデビューした松田聖子が頂点に君臨し、河合奈保子、岩崎良美、柏原芳恵らも健在。きゃんきゃんはトップどころには歯がたたず、翌年には解散してしまいました」（売れっ子放送作家氏）

そんな彼女が京本政樹と結ばれるまではまだ数年を要するが、そもそものデビューのきっかけこそ、日曜日の夕方から夜にかけて関西のテレビ界を席巻していた『ヤングおー！おー！』（MBS）のミス・アイドルコンテストに出演したこと。

そしてその番組で全盛期のSMAP並みの人気を博していたのが、若き日の明石家さんまだったのだ。

「おそらく大我くんは、自分とさんまさんの間だけで盛り上がり、初出演ながらサクッと笑いをかっさらう、そんなツカミのつもりだったと思います。しかしそうは問屋が卸さなかったのが、同じくパネラー（※トークゲスト）として出演していた爆笑問題の太田光さんでした」（前出番組スタッフ）

喋る暴走特急の太田は、いきなり「それで（さんまさんに）手をつけられちゃったんだ」と京本にジャブを放つ。

それに対し大真面目な顔で――

『手をつけてますか？』

――と尋ねる京本。

実は京本、自ら放ったツカミのエピソードの後に——

『まさか、つき合ってませんよね?』

……と、〝オチのセリフ〟を用意していたらしい。

しかし暴走特急太田の横槍のせいで、せっかく用意しておいた〝オチ〟が不発に終ってしまったのだ。

『それぐらいと言ったら父親と母親に怒られるかもしれないけど、その程度のツッコミなら「さんまさんは笑いに変えてくれるだろう」——と薄っすら思っていたのはホント。太田さんみたいにド直球を投げる気はなかったけど、何かひと捻りないと、今は一般人のお母さんにも失礼な気がして』

せっかく明石家さんまの楽屋を訪れ、打ち合わせまでしたのに……と残念そうな表情を見せた京本大我。

だがこの経験で、トーク番組に大切なことを〝一つ学んだ〟と嬉しそうに話す。

『一つはどんなにネタを用意しても、それが自分の思った通りに転がるわけじゃないってこと。
テレビに出ている芸人さんは、太田さんのように横槍を入れて自分がウケようとするから、
いちいち反応せず、時にはノーリアクションで流したほうがいいってこと』

――〝もう一つ〟は？

『そしてもう一つは、自分以外のゲストのエピソードにはキッチリと反応して、
普段の自分以上の喜怒哀楽を出すこと。
そうしないと永遠に（カメラに）抜かれないし、
『御殿』は自分のトークよりも〝リアクション〟に重点が置かれているように思う』

――トーク番組、そして『さんま御殿!!』攻略法について、そう分析してみせた京本。
こうして徐々に、ピン（※一人）の仕事でどう立ち回るかを覚えていくのだ。
今回、お母さんをネタにしただけの収穫、得られたのではないだろうか――。

京本大我と堂本光一に共通する〝可能性〟と〝才能〟

『一昨年かな、ジャニーさんが亡くなって僕らのCDデビューが東京ドームで発表された直後、
堂本光一くんから「おめでとう」の連絡をもらったんです。
光一くんにはずっとお世話に……というかグチを聞いてもらってきて、
僕が光一くんの立場だったら「いい加減にしろ！」って見放していたと思うのに。
本当に心から尊敬する先輩のお一人です。
あっ！ もちろん剛くんも（笑）』〈京本大我〉

ＣＤデビュー直後、父親の京本政樹と2人だけでお祝いしたことが話題になった京本大我だが、あれから1年、実は「恥ずかしいから言うな」と口止めされていたものの――

『ガッツリとご馳走になってしまいました』

――と振り返るのが、堂本光一との食事だったという。

「大我くんによると光一くんと食事に行ったのは一昨年の秋、全国14都市のホールを回ったライブツアー『Ｒｏｕｇｈ〝×××××〟』ツアーの合間で、光一くんのほうは『Ｅｎｄｌｅｓｓ ＳＨＯＣＫ』の秋公演（梅田芸術劇場）が終わった後だったそうです。『ＳｉｘＴＯＮＥＳのほうが忙しいのに悪いな』とむしろ光一くんが恐縮していたそうで、しかし大我くんによると『**光一くんは『ＳＨＯＣＫ』に入るとカンパニーの人としか会わないから、舞台が終わって光一くんがフリーで嬉しかった**』――とか」

長年、ＫｉｎＫｉ Ｋｉｄｓと公私共につき合いがある人気放送作家氏は、

「確か最初は、大我くんがジャニーさんにスカウトされた頃、お父さんの政樹さんから〝どう思う？〟と連絡が入って以来、光一くんは大我くんを気にかけてきたんじゃないかな」

――と、驚きの歴史を明かしてくれた。

『結果的にはそうです。
ウチの父親とジャニーさんも長いつき合いだけど、
もしかしてジャニーさんはウチの父親に見せる顔と所属タレントに見せる顔、
実は〝まったく正反対かもしれない〟って心配していたようなんです。
それで東山（紀之）さんと光一くんに連絡をして。
だから光一くんは小6の僕を知ってるけど、僕が光一くんとまともに話したのは結構あとのほう。
舞台に（出演者として）呼んで頂いたこともないし』

光一は光一で「順調に頑張っている間は、ちゃんと見守りはするけど、すぐに手を差し伸べたりはしない」というのが、これまでの後輩の育て方だったからだ。

京本はジャニーズJr.に入って約半年後には滝沢秀明の舞台『One!-the history of Tackey-』（2006年 日生劇場9月公演）に出演しているし、滝沢演舞城、新春滝沢革命、滝沢歌舞伎など、ほぼ常連で出演していた時期もあったほどだ。

『その舞台で迷ったり悩んだりしたこと、本当は光一くんに話を聞いてもらうのは筋違いだけど、
でもやっぱり僕の中では〝あの『Endless SHOCK』の光一くん〟の意見を、
どうしても聞かせて欲しかったんです。
だからつい、光一くんに電話をかけてしまう(苦笑)』

時には電話に出なかったり、数日後にしか折り返しがなかったこともあったが――

『逆にそれぐらいのほうが、
〝光一くんの負担になっているんじゃないか〟……って考えずに済んだので、
僕としては気にしないようにしていました』

――そうだ。

「光一くんから大我くんについて〝負担になっている〟みたいな話は聞いたことがありませんよ。
ただ一つだけ言えるのは、光一くんがそうやって気に留めている後輩は、僕が知る限りは5～6人しかいない。大我くんが〝選ばれた後輩〟であることもまた、間違いないです」(人気放送作家氏)

そんな堂本光一と自分を結びつける、ジャニーズとしての共通点。
それは――

『ジャニーさんに、まったく同じ育てられ方をしていたこと』

――だと京本は言う。

『たとえばライブ中に歌詞を間違えたりパフォーマンスを失敗したりすると、僕には「ユーは最悪だよ！ しっかりやりなさい」――と激怒するくせに、同じミスをジェシーがすると「そういう生のハプニングには、いいライブ感があるね」――と、むしろ褒めてくれるんです。
ＫｉｎＫｉ Ｋｉｄｓの場合もまったく同じで、光一くんが怒られて剛くんが褒められる。
めちゃめちゃ理不尽だけど、いつも光一くんとご飯を食べる時はその話で盛り上がるから、今は「ネタになってラッキー」と思うようにしています（笑）』

もしジャニー喜多川氏が京本大我と堂本光一の中に〝同じもの〟を感じていたとしたら——。

それは堂本光一にも負けない〝稀代のエンターテイナー〟になれる、その可能性と才能の〝芽〟が見えていたのではないだろうか。

いや、きっとそうに違いない——。

京本大我フレーズ

『「志を立てるのに遅すぎることはない」――って、
それは父親の背中に教わった』

年令を言い訳にしてはいけない。人間、その志には年令など関係ないのだから。大切なのは志を貫く強い気持ち。

『自分以外の演者さんに90％の期待をかけるとしたら、
自分は自分に180％以上の結果を求めなきゃいけない。
〝180％〟って数字、ちょっと中途半端かな？
〝2倍以上〟って意味で』

共演者に期待する〝少なくとも2倍〟――それを常に自分に求めるからこそ、大我の向上心はやまないのだ。

『現状を捨ててチャレンジするリスクと、
現状にこだわってチャレンジしないリスク。
SixTONESはみんな、どっちを取るか?
……聞くまでもないか(笑)』

チャレンジするリスクを覚悟の上で進まなければ、その先にある新しい世界を覗くことは出来ない。言うまでもなくSixTONESのメンバーが選ぶのは前者。

3rd Chapter

松村北斗

Hokuto Matsumura

SixTONES

松村北斗が作品に懸ける〝情熱とエネルギー〟

2月19日から公開され、松村北斗と森七菜がW主演を務めた映画『ライアー×ライアー』。公開初日の金曜日から週末にかけた3日間の興行収入は2億円を突破し、映画ランキングでも初登場2位と好スタートを切った。

「とにかくSNSの評判がいいんですよ。それまでは1月公開の『花束みたいな恋をした』(菅田将暉 有村架純 W主演)が独占していたSNSの主役を、『ライアー×ライアー』がジワジワと追い上げて逆転しましたから。製作サイドも驚きと同時に嬉しい悲鳴を上げていたと聞いています」(スポーツ紙記者)

もちろん皆さんもご覧になったとは思うが、映画『ライアー×ライアー』は累計発行部数190万部を突破した金田一蓮十郎による同名コミックを、映画『百瀬、こっちを向いて。』『暗黒女子』、さらには「NO MORE映画泥棒」のCMで知られる耶雲哉治監督が実写映画化したラブコメディ。

『翔んで埼玉』で第43回日本アカデミー賞最優秀脚本賞を受賞した徳永友一が手掛けた脚本はW主演の松村北斗と森七菜のキャスティングにピタリとハマり、小関裕太や堀田真由といった若手ながらも演技経験豊富な俳優陣の好演も冴え渡った。

「SixTONESはジャニーズJr.時代のグループ結成以降、グループや複数メンバーでの主演作品は何本かありますが、メンバー単独での映画主演は今回の北斗くんが初めて。SixTONES〝ドラマ班〟としてメンバー随一の出演本数を誇る彼ですから、Wとはいえ映画初主演にビビるタイプではない。これまでの芝居を見ていれば、ある程度の目算も立っていました。しかし正直なところ、ここまでやるとは〝予想外〟の出来映えでしたね」

かつて某深夜ドラマで松村北斗を起用したドラマディレクター氏は、「まだまだ素人役者だった頃から知る人間としては、そんな彼が自分の予想以上に〝上手くなる〟姿をスクリーンで見られるのは感無量」と喜びを隠せない。

「北斗くんは2012年の『私立バカレア高校』で役者デビューして以来、今年で10年目の活動になりました。その間、バカレア組の仲間たちの中で、最も多くの作品に出演したのは彼でしょう。彼は2019年の『パーフェクトワールド』で役者としての〝何か〟を掴み、役柄に対する理解力や表現力のアプローチがガラリと変わった。この『ライアー×ライアー』は北斗くんが〝変わってから〟クランクインした作品なのは、最初の数分間でわかります」（ドラマディレクター氏）

それは松村と仕事をした経験があるからこその感覚だろう。

「実は『ライアー×ライアー』の耶雲監督は、クランクイン前から『**主演に松村北斗をキャスティングすることが出来て、この時点で**（『ライアー×ライアー』は）**勝てると確信した**』――と豪語していたそうです。中には〝まだ本読みもしてないのに?〟〝まさかジャニーに対する忖度発言!?〟と眉唾で眺めるスタッフもいたそうですが、そんなスタッフを〝黙らせた〟のも北斗くんだったそうです」（同ドラマディレクター氏）

〝黙らせた〟といってももちろん腕っぷしの話ではない。

松村は作品に懸ける自分の情熱を、スタッフ（特に技術スタッフ）に示すことで彼らの支持を集めたのだ。

「映画の現場ではカメラマンや照明さんなどの技術スタッフが〝監督より怖い〟ことも多く、また腕自慢のベテランが揃っています。そんな技術スタッフに対して北斗くんは『今の目線、あと1秒長く止めておいたほうが良かったですか?』『透の顔、こっちから撮ったほうがいいんじゃないですかね』――などと、自分のアイデアをバンバンぶつけたそうです。しまいには技術スタッフさんたちのほうが〝松村北斗、ディスカッションが多すぎ!〟〝ルックスはクールなのに中身がめちゃめちゃアツい男だったとは……〟と呆れるやら感心するやらで、〝久々に活きのいい若手が出てきた〟〝これから先、イジメがいがある(笑)〟など、プロとして真剣勝負が出来る相手だと認められたといいます」(同氏)

松村北斗は自らの情熱とエネルギー、そしてこだわりで〝すべてのスタッフを引っ張れる〟役者になりつつあるのだ――。

舞台挨拶でガチに学んだこと

松村北斗はこれまで『私立バカレア高校（2012年）』に始まり――
『黒の女教師（2012年）』
『Piece（2012年）』
『TAKE FIVE～俺たちは愛を盗めるか～（第7話 2013年）』
『ぴんとこな（2013年）』
『SHARK（2014年）』
『金曜ロードSHOW！ 特別ドラマ企画 仮面ティーチャー（2014年）』
『SHARK～2nd Season～（第7話（2014年）』
『世にも奇妙な物語 '18秋の特別編「マスマティックな夕暮れ」（2018年）』
『クロスロード3 群衆の正義（2018年）』
『パーフェクトワールド（2019年）』

『10の秘密（2020年）』

『一億円のさようなら（2020年）』

『レッドアイズ 監視捜査班（2021年）』

――と、14本の連ドラやSPドラマへの出演。

さらには『劇場版 私立バカレア高校（2012年）』から――

『バニラボーイ トゥモロー・イズ・アナザー・デイ（2016年）』

『坂道のアポロン（2018年）』

『映画 少年たち（2019年）』

『ライアー×ライアー（2021年）』

――まで、合計5本の映画出演も経験している。

また特筆すべきは通称〝朝ドラ〟こと〝NHK連続テレビ小説〟で、今年の後期に放送される『カムカムエヴリバディ』への出演が決定。

ジャニーズ事務所に入所以来、ほぼドラマと映画に出ずっぱりで活動している。

しかしこれほどまでの出演歴にもかかわらず、松村北斗は『ライアー×ライアー』に初主演するまで〝ラブストーリーの主人公〟を演じた経験がなかった。

『一応、彼女がいたり奥さんがいたりする役はやってますけど、物語の主人公としてガッツリとラブストーリーを演じた作品はないですね。その〝奥さん〟というのは、上川隆也さんの若い頃を演じた『一億円のさようなら』で、あくまでも過去の回想シーン的な位置付けでしたから』〈松村北斗〉

そうなると当然というか必然的に、舞台挨拶やインタビューで聞かれるのが〝恋の話〟だ。

「中でも北斗くんが恋愛ネタについてムキになるほど語ったのが、3月の頭に行われた『ライアー×ライアー』公開御礼舞台挨拶のイベントでした。作品もヒットして登壇者の機嫌が良かったのも関係した気がします」

話してくれたのは、芸能週刊誌記者氏だ。

公開御礼に登壇したのは松村北斗、それに松村の幼馴染み役を演じた小関裕太。そしてW主演のもう一人、森七菜。

会場を沸かせた質問は、映画の内容にちなみ〝自分の恋人に自分以外の気になる相手が現れたらどうする?〟だったという。

松村がソッコーで――

『縁を切ります。

戦いたくない。

一人でもやっていけるし、差し上げます』

――と意外なほど冷たく突き放すと、すかさず小関が「クールですね」とツッコむ。

それに対して――

『そういうことで波風立てたくないから』

――と答えた松村。

この返答からだと、松村の『戦いたくない』の意味が〝執着しない主義〟なのか〝揉め事を避けて生きたい〟からなのか、どちらとも解釈出来る。

「面白かったのは七菜ちゃんで、彼女も『**私は何にもしない。連絡もしない。〝勝手にしたら?〟って**』――と、北斗くん寄りの意見ではあるものの、その実『**何となく気づく。(相手は)自分でも悪いと思ってると思うので、好きなようにして欲しい**』――と、ハッキリと〝恋に執着しない〟態度を見せたことでした」(芸能週刊誌記者氏)

そんな〝草食系〟のW主演の2人に対し、小関は「僕は諦められない。好きだったらどうにかして自分のもとに持ってきたい」と、真っ向から肉食系をアピールしたそうだ。

「そんな小関くんの意見に、北斗くんと七菜ちゃんが興味深そうに『〝**どうにかして持ってくる**〟の、〝**どうにか**〟とは?』――と尋ねると、小関くんは『**バラの花束を(渡す)**』と答え始めたものの、明らかにスベったことで恥ずかしかったのか、途中から吹き出してしまったんです。それでも『**誠意は見せたい。振り向いてくれるなら**』と言う小関くんに、北斗くんは『**僕は疑り深いので、(一度離れたら)何もない人はいないでしょ。腹の中でどう思ってるかわからない**』――と、草食系を越えて〝被害妄想〟に近いほどネガティブな意見を口にしていました(苦笑)」(同芸能週刊誌記者氏)

そんな松村を小関は――

『ミステリアスなイメージだったので、北斗くんのそういう部分を知れて新鮮。嬉しいです』

――と、笑顔でトークをまとめてくれたのだった。

『あれは小関くんに助けられたね（苦笑）。
だって途中から客席にいる女子の心が〝サーッ〟と引いていく音まで聞こえたもん。
やっぱ劇場公開の映画は、
舞台挨拶やヒット御礼とか「すべて含めて一つの仕事なんだな～」って、
それはガチに学べてありがたかったです』

舞台挨拶でも学んだ松村北斗。
これでまた一つ、役者として成長したようだ。

〝主役にはこだわらない〝こだわり

役者としての松村北斗の情熱、その根底にあるものは何なのだろうか。

映画『ライアー×ライアー』で初主演を務め、これからますます主演作を増やしていくであろう松村だが、実は彼の役者に対する情熱の根底には――


『〝主演〟ではなく〝出演作〟を増やしたい。

役者さんって一度主演クラスに上り詰めると、なかなか下には降りてこないイメージある。

でも僕は「もう次からは主演かW主演じゃなきゃ受けません」みたいなセリフ、絶対に口にしない。

これからもどんな作品、役柄であれ、〝松村北斗を使いたい〟と思ってくださる監督さん、プロデューサーさんとなら、スケジュール的に難しくなければ1本でも多く出演させて頂きたい』

――という、演技に対する貪欲さがあったのだ。

「今の彼はたぶん、お芝居が楽しくて楽しくて仕方がないのでしょう」

――とは、フジテレビのドラマ制作部で長年プロデューサーを務めるスタッフ氏だ。

「将来伸びる若手俳優たちが必ず入ってきた、一種の〝モード〟です。役者として多くの作品に出ることを、単に〝ギャラをたくさんもらうため〟ではなく、そこで出会う共演者やスタッフと〝芝居で渡り合う〟喜びを見出しているのです。確かに大半の若手は端役よりも主役や準主役で出演することを目指すし、そもそも役者は自己顕示欲の塊ですからね。北斗くんが言う通り、一旦主役に上り詰めると次からも主役、あるいは最低でも〝大御所が主演する作品〟の準主役レベルでしか出たがらなくなるもの。また事務所のほうもそういう売り方をしていくので、北斗くんのように〝質より量〟を選ぶ若手は珍しい」（フジテレビドラマ制作部プロデューサー氏）

たとえば今回の『ライアー×ライアー』についても、当初は少なからず葛藤を抱えてのスタートだった。

『正直、〝初主演〟のチャンスを確実にモノにしたい気持ちよりも、
まずこの役を提示された時には実年齢とのギャップから少し抵抗を感じたんです。

「25歳の自分が、20歳の大学生を演じられるのか？」……の不安が大きかったので。

SixTONESプロジェクトチームのスタッフとも話し合い、
最終的に「飛び込んでみなきゃわからない」――の結論を出し、オファーをお受けしました。

すると〝透〟を演じているうちに――

「自分が役柄と同じ20才ぐらいの頃だったら、きっと演じ切れなかったのでは？

作品の世界観を理解出来なかったのでは？」

――ということに気づいたんです。

25歳の僕だからこそ、見えてくるものがたくさんあった。

それをこの役は僕に教えてくれたのです』

今は松村を支え、背中を押してくれたSixTONESのスタッフチームに『感謝しかない』と言う。

『〝透〟は周囲から理解されないけど実はすごく素直な男で、そこが可愛いくて応援したくなるんです。
だから僕も素直にセリフや状況を理解し、台本を信じて演じることで、
ツンデレな透の二面性を出すことが出来たのではないかと思ってます。
きっと20才の僕なら「何だコイツ、全然わかんねぇよ」とか言って、
透を理解しないまま終わっていたかも』

その理解力こそが『自分の武器になるのでは?』と気づいた松村は――

『様々なジャンルの役柄、キャラクターの性格を理解して演じるためには、
自分自身が経験を積み重ね、演技のキャパシティを増やさないといけない。
今の僕がプライベートで経験を積み重ねることは難しいし、
だったら一つでも多くの作品に関わって、一人でも多くの方とお仕事を通して交流したい。
そのために必要なのは〝主役にはまったくこだわらない〟こだわりなんです』

――と強調する。

「松村くんは表現力の高さと端正な容姿ゆえに、これまでは〝動〟の芝居ではなく〝静〟の芝居のイメージが強かった。そこに今回のような動と静の二面性を持つキャラクターを演じたことで、また引き出しが増えたのではないでしょうか。そうやってたくさんの引き出しを増やしていけば、気がついたら自然に〝世代を代表する演技派〟と呼ばれるようになっている。次は一回りも二回りも成長した彼に、堂々と〝月9の主役〟をやってもらいたいと狙っています」

――松村の役者としての成長ぶりに、フジテレビドラマ班プロデューサー氏も感心する。

『完成した作品を見るのも好きですけど、役者としての楽しさを最高に味わえるのはやっぱり現場。自分から出たもの（※演技）と周りから受け取ったもの（※演技）の純度が透き通っている時は、演じていてすごく気持ちいいんですよね。ちょっとイメージで語ってますけど（笑）』

また忘れてはならないのが、今回の映画で同期の七五三掛龍也（Travis Japan）と共演することが出来た時の松村の素直な感情。

『お互いに違うグループで活動してきて、
一度離れた場所からまた一緒になった。
11年前のオーディションで隣同士で踊っていた僕たちが、
こうやって隣でお芝居をしている。
同じように頑張ってきた道のりにジ～ンとしちゃって、
「頑張ってよかったな」――とハグしたくなりました（笑）。
嬉しかったですね。本当に』

役者・松村北斗の人生はまだまだずっと、続いていく――。

ターニングポイントになった〝あの先輩俳優〟との出会い

『めちゃめちゃビックリしたけど、めちゃめちゃ嬉しかった!
これまで共演させて頂いた役者の先輩方で、結婚されたのは松坂さんが初めてだったから』〈松村北斗〉

2020年12月10日、女優・戸田恵梨香との結婚を発表した松坂桃李。
松坂といえば松村北斗が――

『役者として頑張れるきっかけ、ターニングポイントになった作品』

――と明かす『パーフェクトワールド』(フジテレビ系2019年4月クール)で、車椅子に乗った主人公、建築士の鮎川樹役を演じた人気俳優だ。

すでに2年前の作品になってしまったが、その松坂桃李と松村北斗を含め、ヒロイン役の山本美月以下、瀬戸康史、中村ゆり、岡崎紗絵らの若いパワーとベテランのとよた真帆、堀内敬子、麻生祐未、松重豊といった〝いぶし銀〟の芝居が融合した、面白い作品に仕上がっていた。

『いろいろと思い出しますね。
松坂さんと同じシーンを撮影した時に、車椅子が真横に動けないことに気づかされたり。
それはメンバーにもすぐに話して、
SixTONESのコンサート会場に車椅子の方がいらした時、
「真横に動けない分をどう楽しんでもらえるだろう」――って、みんなで考えたこと。
役を通してアイドルの自分にたくさんの課題を突きつけられた経験は、
あの作品にしかありませんでした』

『パーフェクトワールド』がターニングポイントになったのは、そんな松村の内面の変化や成長だけではなく、確固たる演技力への評価だった。

プロデューサーサイドからは、

「松村さんはお芝居の勘が良く、自身に役を染み込ませて血肉として反映していくタイプの役者さん。ビジュアルも良いし声も良い。これからがとにかく楽しみ」

——と絶賛され、本人も、

『「こんな芝居をしてみよう」——と、

その場で思いつく芝居の幅も広くなったし、

そういうところをクランクアップの時に監督さんやプロデューサーさんから、

具体的な言葉で的確に褒めていただいた。

それも忘れられない、あの作品の思い出』

——と振り返っている。

『あとはやっぱり〝松坂桃李〟という役者さんのカッコよさ。
そりゃあ誰もが認める高身長イケメンなのは言うまでもないけど、
一緒に芝居をすると松坂さんのオーラに引き込まれそうになるほど魅力的。
最近はアイドルオタクの役もされていたけど、
どんな役柄でもすべて自分のものに出来るじゃないですか。
主役にこだわらない姿勢も含めて、完璧に自分が〝なりたい〟役者の姿』

また今年に入ってから松坂が出演していたワイドショーで、「緊急事態宣言が初めて発令された自粛期間中に、結婚発表の時に名前を書くためのペン習字を練習していました」と発言したことを――

『何か松坂さんらしくて笑ってしまった』

――と話す松村。

芸能人がファックスでマスコミ各社に結婚を発表する際、末尾に直筆で名前を書いたメッセージを出すことになるので、松坂はそのために「ひたすら名前を練習した」そうだ。

『「少しでも綺麗な字を見せたい」──って意味ですもんね。
松坂さんはそういう心遣いというか、
その字を見てファンの方をガッカリさせたくないんですよ。
結婚してショックを受ける上に、
「えっ！ 松坂桃李、字ヘタ!!」……みたいな、
受けなくてもいいショックを受けさせてしまう。
ほとんどの人が気づきそうで気づかない、松坂さんのカッコよさだと思います』

数年後にはそんな松坂桃李のライバルとして、松村北斗自身が最優秀主演男優賞を争う立場に上り詰めることこそ、尊敬する先輩への恩返しになるだろう。

亀梨和也の期待を超えた〝天才ハッカー〟

KAT‐TUN・亀梨和也主演の連続ドラマ『レッドアイズ 監視捜査班』（日本テレビ）に、天才ハッカー・小牧要役で出演した松村北斗。


『僕らの世代から見ると亀梨くんや去年退所した山下智久くんは、

「ジャニーズに入りたい！」って思わせる〝モチベーション・メーカー〟の皆さんなんですよ。

〝憧れの憧れ〟――そのど真ん中の人たち。

現に僕も山下くんに憧れてオーディションを受けてますんで』〈松村北斗〉

そこは一応、バレてはいても最低『修二と彰に憧れて』……ぐらいは言っておかないと（苦笑）。

『そんな亀梨くんとようやく連ドラでガッツリと共演することが出来て、
クランクイン前からかなり緊張してたんですよ。
実は僕、いわゆるデビュー組の先輩方が主演するドラマに出させて頂くの、
『ぴんとこな』の玉森裕太くん以来。
しかもあのドラマはずっとユニットが一緒だった（中山）優馬くんとジェシーもいて、
現場でワイワイやれたけど、
『レッドアイズ』は亀梨くんと僕以外、ジャニーズいませんでしたから』

まだ経験が浅い頃から役者として光るモノを感じさせた、ジャニーズ史に残る幾多のJr.たち。

その多くは先輩が主演するドラマ現場を経験し、テレビの前の視聴者には見えない〝舞台裏のジャニーズとしての振る舞い方、作法〟を学んで身につけてきた。

だが時に、ジャニー喜多川氏が「この子は早いうちから外の現場で揉まれたほうが伸びる」と判断したJr.は、先輩や仲間のいない孤立した作品に放り込まれるという。

「かつての生田斗真くんや風間俊介くんがそうで、北斗くんもまだ新人の昨年までに、舘ひろし、神田正輝、松坂桃李、向井理、上川隆也などの一流どころに揉まれ、逆にジャニーズでは学べないことを糧にしてきたのです。亀梨くんも『アイツはどこか違う』――と撮影当初から北斗くんに注目していたと話していました。『上手く言えないんだけど、他の後輩にはない貪欲さというか、〝掴んだこの役を絶対に昇華させてみせる〟的な、シンプルに言うと〝やる気の濃度や密度〟がまったく違う』――と感心していました」（日本テレビ関係者）

そんな亀梨は何と、松村にビッグなプレゼントを用意してくれていた。

プレゼントといっても〝物〟ではない。

それが3月20日の本編第9話放送後からスタートした配信バージョン、Huluオリジナルストーリー『レッドアイズ 監視捜査班 The First Mission』への出演だったのだ。

「元自衛官の湊川由美子（シシド・カフカ）、天才ハッカーの小牧要（松村北斗）、元大学教授で詐欺師の山崎辰二郎（木村祐一）らが挑む、浮気調査の顛末を描く作品。亀梨くんは『レッドアイズ』のプロデューサーにスピンオフの制作を提案し、**『その3人を主人公にして、それぞれの人間性まで掘り下げると面白そう』**──と、猛プッシュで口説き落としたそうです」（同日本テレビ関係者）

すでに配信されているのでHuluオリジナルストーリーに詳しくは触れないが、亀梨演じる伏見が留守中の『伏見探偵事務所』で受けた依頼が、湊川・山崎・小牧のミスで失態に繋がり、さらに誰も予想していなかった事件を巻き起こす展開が描かれている。

「元犯罪者の湊川由美子、小牧要、山崎辰二郎の3人は、伏見探偵事務所時代はどのようにして過ごしていたんだろう？──という発想をもとに、まだそれほど信頼関係が強くない時代の3人が、スピンオフで描く事件をきっかけに絆を深めていく。そんなアナザーストーリーを亀梨くんとの雑談で〝やってみたいね〟と冗談めかして話していたところ、**『いや絶対にやるべき！スピンオフで前日譚を描いて、最終回に向けていろんな疑問が解けていくように』**──と、自分にスポットが当たらないのに必死にプレゼンする亀梨くんにプロデューサーは〝胸を打たれた〟そうです」（同氏）

先輩から託されたバトンで、松村は『レッドアイズ 監視捜査班 The First Mission』でどんな答えを出せばいいのだろう。

『小牧を演じる時に意識していたのは、僕は「身なりは人を表す」と思っているので、まず衣装合わせの後に集中して役作りをしたことですね。

それは作品の中で、小牧だけが衣裳や動きに色味やデザイン性があると感じたからです。

また彼のキャラクターでもある〝人の心に土足で踏み込んでいく〟感は、無礼で失礼なヤツだというのを超えて、

「その先にある〝可愛さ〟に繋がるといいな」――という想いでやっていました。

それが僕の小牧に対する理解の本線ですけど、
亀梨くんに「北斗が考える小牧ってどんなヤツ?」――と聞かれた時、自然と口をついて出てきたイメージです。

「いいんじゃない。お前の好きにやってみろよ」――と言われて、本当に嬉しかったですね』

間違いない。

松村北斗はすでに亀梨和也の〝期待〟を超えている――。

松村北斗フレーズ

『グループを離れて仕事をさせて頂いている時に一番大切にしているのは、自分がNGを出しても「もう1回お願いします！」と大声で言うこと。NGごときにしゅんとしていたら、誰もついて来ない。〝僕はまだまだやりますよ！〟――って意欲を見せなきゃいけない』

NGを出して落ち込んでいると〝次にまたNGを出したらどうしよう？〟……の恐怖感ばかりが大きくなる。それを払拭するには、自らが意欲を見せるための大声。北斗流の現場術。

『相手役の方とお芝居が噛み合わなかったり〝何か違うな〟って時は、その場で繕うんじゃなくて、最初のアプローチからやり直してみるんです。ほんの少しのズレほど、時間が経てば経つほど広がっちゃいますから』

主役だろうと脇役だろうと、芝居に大切なのは相手役との呼吸。映画の主演で座長を経験したからこそ、「いかに相手役との呼吸を整えるか?」——北斗が掴んだ新境地。

『種を蒔かなきゃ芽は出ないし、芽が出ないと茎や葉にならない。
茎や葉がないと花が咲かない。
花が咲くにはちゃんと順番と理由があるんだよね』

〝そんなの当たり前だろ〟と感じた方は、途中を端折ってすぐに結果だけを求めるタイプでは？ 無駄だと思える時間があるからこそ得られる結果もあるのだ。

4th Chapter

高地優吾

Yugo Kochi

SixTONES

決して譲れない〝同世代トップ〟の座

今年の3月8日、27歳の誕生日を迎えたSixTONESのリーダー・髙地優吾。

「グループ最年長の髙地くんは、Jr.入りするきっかけとなった『スクール革命!』にはHey! Say! JUMPの山田涼介くんと知念侑李くんが。Jr.入り後、追加召集の形で加入したユニット・B.I.Shadowには中島健人くんが。さらに中山優馬 w/B.I.Shadowには中山優馬くんが……と、常に同学年の先輩メンバーと組み、最終的にはその4名とNYC Boysで全員集合しました。つまり彼はジャニーズJr.入りしてからずっと〝同学年の先輩たち〟の背中を追って邁進してきたのです」

その髙地と同学年になるメンバーを並べてみると、なかなかの顔触れが揃っていた(※ジャニーズJr.は除外)。

山田涼介（1993年5月9日）
岩本照（5月17日）
神山智洋（7月1日）
橋本良亮（7月15日）
中島裕翔（8月10日）
藤井流星（8月18日）
阿部亮平（11月27日）
知念侑李（11月30日）
中山優馬（1994年1月13日）
高地優吾（3月8日）
中島健人（3月13日）

※以上11名

「現在は歌手活動を行っていない中山優馬くん、それと橋本良亮くんは所属グループがザ・プロフェッショナル集団のA.B.C-Zだけに趣が異なりますが、その他のメンバーはHey! Say! JUMP、Sexy Zone、ジャニーズWEST、Snow Man、そしてSixTONES、次代を担うグループが同学年に揃っています。それでも高地くんは『**そこは先輩たちでも譲る気はない**』――と、93年組の頂点に立つ気マンマン。もちろんそれぐらいの強い気持ちがないと、個性派集団のSixTONESはまとめられませんからね」

先ほどから話してくれているのは、ジャニーズJr.を中心に20代の若手メンバーに詳しい、テレビ朝日プロデューサー氏だ。

「個人としてSixTONESの中でも〝色を放つ〟のは当然としても、テレビ関係者に注目されるためには、彼ら同世代からも一歩抜け出す〝特色〟が必要。そういった意味では高地くんはすでに〝温泉ソムリエ〟で結果を出しています」(テレビ朝日プロデューサー氏)

もともとの温泉好きが高じて温泉ソムリエの資格を取得したという高地。

昨年にはYouTube公式チャンネルでも『Smile Up! Project ~自宅で温泉気分~高地優吾』という動画を配信。今年1月には、『スッキリ』(日本テレビ)の生放送で温泉のイロハや温泉気分の入浴法を堂々とレクチャーしたではないか。

さらに高地はファンからも「メンタルサポーター」と呼ばれるほどの、いわゆる〝心のケア〟には秀でた能力を持っている。

そのアンテナで精神的なダメージを受けているメンバーを察知、すかさずフォローして立ち直らせたり、あるいは自分の口からは〝言いたくても言えない〟不満を代弁するなど、かつてジャニー喜多川氏が――

『ユーはSixTONESにいるだけでいいんだよ』

――と特別な声をかけたほどの〝精神的な支柱〟になっている。

以前には――

『ジャニーズを退所したい』

――と言い出した京本大我に、自分も含めたメンバー5人のメッセージを伝え、寸前で踏みとどまらせたこともある。

S・i・x・T・O・N・E・Sのメンバーが――

『高地は信頼出来る』


――と口を揃えるのも、常に彼が自分ではない誰かのために〝動く〟から。

そしてそれを面倒くさがらず、誠心誠意になって向き合ってくれるからだ。

果たして高地優吾、そして高地率いるS・i・x・T・O・N・E・Sは、山田涼介をはじめとする〝強力なライバルたち〟を向こうに回し、同世代の〝トップ〟と認められる日が来るのだろうか?

メンバーからリーダーとして厚い信頼を得ている高地ならば、必ずやってくれるに違いない――。

高地優吾が引き継ぐ『ミタゾノ』の〝スピリット〟

『上手く言えないんですけど、絶対に〝あれ〟を最後にしたくないんです。
〝4月からどうなるか〟なんて、僕ごときにはわからない。
だけど本当に楽しかったし、すべての時間が〝勉強〟でした』〈高地優吾〉

昨年の5月、ＴＯＫＩＯの松岡昌宏が主演した連続ドラマ『家政夫のミタゾノ』（テレビ朝日）第3話にゲスト出演した高地優吾。

２０１６年10月クールで初めて登場した『ミタゾノ』は、テレビ朝日の金曜ナイトドラマ枠の看板作品となった。これまでに第４シリーズまで制作されており、高地が出演したのは、その最新第４シリーズ（２０２０年4月クール）。

ちなみにＳｉｘＴＯＮＥＳのメンバーだと、ジェシーが第2シリーズに出演している。

ここで話してくれるのは、当の『ミタゾノ』シリーズを担当した演出スタッフ氏だ。

「『トリック』『OLヴィジュアル系』『特命係長 只野仁』などの作品も2から5シリーズの作品が制作されましたが、放送日が木曜日に変更されたり土曜日に変更されたりしていたので、純然たる金曜ナイトドラマとは言えません。『ミタゾノ』が4シリーズまで続く前は『時効警察』が3シリーズまで継続して最長作品でした。その他、2シリーズも『スカイハイ』『サラリーマン金太郎』『警部補 矢部謙三』『ハガネの女』『都市伝説の女』『匿名探偵』などがあります」(『ミタゾノ』シリーズ担当演出スタッフ氏)

意外なのが『ミタゾノ』以外、金曜ナイトドラマ枠ではジャニーズが主演を務めた作品の続編が制作されていないこと。そういった意味でも『ミタゾノ』は〝惜しい作品〟になってしまったものだ。

「何せTOKIOが3月いっぱいで〝関連会社〟という形ではあっても、ジャニーズから独立してしまいますからね。松岡くんに声がかかるとしても少し間が空くでしょうし、4月以降の先行きはまったく不透明」(同演出スタッフ氏)

そうか、高地の『4月からどうなるか』は、〝松岡と『ミタゾノ』〟を指していたのか。

『別に『ミタゾノ』だけにこだわってはいませんけど、
「松岡くんのもとでお芝居をして自分を磨きたい」――それは本当に本音です』

『家政夫のミタゾノ』が、テレビ朝日では初のドラマ出演になった髙地だが、正直なところバラエティは『スクール革命!』で鍛えられてはいても、ドラマは〝まだまだ〟が彼の評価だ。

『それはまったくその通りで、
ウチでいえば北斗や慎太郎、ジェシーのようなドラマ班とは比べ物になりません。
でも逆に、僕には〝伸び代〟という武器があるんじゃないかなって思うんです。
そしてその武器は『ミタゾノ』の時に感じた松岡座長のもとでなら、もっともっと磨かれる』

確かに松岡が座長を務める、つまり主役の作品は現場の空気が良いと聞く。

『演者さんからスタッフまで、その場にいる全員の気持ちや考えを、
松岡くんは目に見えるかのように見抜いている。
そして誰よりも早く個々の変化に気づき、スッと言葉をかけて救ってくれるんです。
しかも、自分のセリフは全部入ってるんですから。
まるでスーパーマンですよ！』

――それはどことなく〝メンタルサポーター〟高地優吾に似てないか？

『僕なんか足元にも及びませんし、

〝楽しい作品は楽しい現場から生まれる〟ってことを、とことん教えてもらった気がします。

でも、でもですよ……まだまだ足りませんよ、教えてもらいたいことは』

もし仮に『ミタゾノ』がこのまま帰ってこなかったとしたら……。

その時は高地が引き継げばいいではないか。

女装ではなく、松岡昌宏の〝そのスピリット〟を――。

髙地優吾の想いが溢れる〝あの先輩〟への贈り物

「髙地くんが松岡昌宏くんの『家政夫のミタゾノ』に出演する2年前、同じくジャニーズの先輩が主演する連ドラに呼んでもらっています。当時、彼が『まともにお話ししたこともないのに、僕どうすればいいんですかね?』――と泣きそうな顔をしていたことを覚えています。それが二宮和也くんの『ブラックペアン』(TBS)でした」

日本テレビ『スクール革命!』制作スタッフ氏は、つい最近、髙地優吾から――

『ちょっとお力をお借りしたいんですけど……』

――と相談を受けたと明かす。

「『内緒で『ニノさん』のスタッフにお願い事をしたい』――というのです。だいたい〝内緒〟のお願いを中継するとロクなことがないので普段は断るのですが、何分にも長いつき合いの高地くんですし、彼が無茶なお願いをするわけもないので、とりあえず〝どんなこと？〟と尋ねてみたんですよ。すると彼は『二宮くんにお祝いを贈りたいんですけど、僕は後輩だし事務所には頼みにくくて……』――と言うんです。ええ、出産祝いです」（『スクール革命！』制作スタッフ氏）

今年の3月5日、二宮和也に第一子となる女児が誕生したことをジャニーズ事務所が発表した。

「正確な誕生日などは未発表ですが、それを聞いた高地くんが個人として出産祝いを贈りたいのだと。ただ『ファンの皆さんは少し複雑な気持ちかもしれないし、いくらおめでたいことでも大っぴらに出来ないから』――というのが、高地くんのお願い事。最初のお子さんが無事に生まれたのに、見て見ぬフリは出来ないのがいかにも彼らしい性格。『僕と二宮くんが親密かどうかは関係ない。ゲストとはいえドラマでお世話になったんだから』――だそうです」（同制作スタッフ氏）

ドラマに出演した2018年当時、SixTONESのメンバーとして嵐のバックに付いたことはあっても、挨拶以外にはほとんど話したことがなかった高地と二宮。

そのドラマ『ブラックペアン』では、手術成功率100%を誇る孤高の天才医師を演じた二宮のもとに患者として運び込まれたのが、高地が演じた音大生の田村隼人。近くアメリカで開催されるピアノコンクールへの出場を控えている隼人は、持病の僧帽弁閉鎖不全症を治療するため、早期回復できるスナイプ手術を求めてやってくる役柄。

ジャニーズ事務所を代表する演技派の二宮との初共演が〝主治医と患者〟の設定だったのだ。

「当時覚えているのは、ドラマ出演が4年ぶりの高地くんの狼狽ぶり。ずっと『**まともにお話ししたこともないのに、僕どうすればいいんですかね?**』……とパニクってましたし、これはドラマ上の設定ですが、二宮くんが演じた天才医師は自ら患者の病室を訪れることがほとんどないのに、高地くんの病室を訪れる。それについて『**先輩が立ってるのに、僕は寝てていいのかな!?**』……なんて言うので、さすがに〝少しは落ち着け〟と注意しました(笑)」(同氏)

何とか収録を終えてからは、高地も――

『4年ぶりにドラマに出演させて頂くこともあり、とにかく緊張しました。

「隼人の心臓病はどんな症状なのか？　どんな感情でいこうか？」

事前に勉強したプランをいくつか用意していましたけど、

実際に二宮くんの演技を間近で見るともの凄い迫力で、非常に勉強になりました。

そして本当に贅沢な時間でした』

――と振り返る余裕もあったそうだ。

「でもそれ以降は共演することもない。そんな関係で出産祝いを贈っても、贈られた二宮くんが戸惑うに違いないと、〝『ニノさん』のスタッフ経由で贈ればいいんじゃないか〟と考えたのでしょう」（同氏）

それにしてもいくら先輩でも〝ほとんど交流がない二宮に？〟と不思議に感じたが、その理由はすぐに解けることとなる。

『事務所の発表の中に二宮くんからのメッセージがあって、
そこにコロナ禍にも関わらず無事に出産することが出来た感謝を、
まず病院の関係者の皆さんに宛てていたんです。
そこに二宮くんが、そして嵐さんが行ってきた支援活動の意味や目的を改めて僕なりに感じて、
二宮くんと病院関係者の皆さんに、
「おめでとうございます。そしてありがとうございます」――って気持ちが溢れて、
止まらなくなってしまって』

これが高地優吾という男の〝素顔〟なのだ。
彼の言葉からは〝優しさ〟と〝純真な心〟が溢れているではないか――。

年下の先輩が見せた〝信頼の証〟

『一番嬉しかったのは、僕がジャニーズ事務所に入って最初のユニットで一緒だった風磨と、ひとつの作品を作り上げることが出来たこと。彼のほうが先輩ではあるけど、2009年の6月から10年以上のつき合いですからね』〈髙地優吾〉

昨年の10月クールにオンエアされた、日本テレビ〝シンドラ〟枠『バベル九朔』。原作は人気小説家・万城目学のファンタジー小説だ。

5階建て、築88年の雑居ビル〝バベル九朔〟の新米管理人で、脚本家志望の夢見る主人公・九朔満大を菊池風磨が演じた。

物語はすべて雑居ビル内で進行し、満大はあらゆる願いが叶う偽りの世界「バベル」へと巻き込まれ、本来存在してはならない「バベル」という世界を終わらせるためにビルの中で大冒険を繰り広げる。

かなり不思議な設定なので戸惑った視聴者も多かったかもしれないが、謎が謎を呼ぶ展開に引き込まれた視聴者も多かったと聞く。

高地はバベル九朔の5階、管理人室で満大と同居する監督志望の青年、後藤健を演じた。


『自分たちでも「どれが伏線で、それをどう回収しているのか」……実は理解していなかったパートもありました（苦笑）。

ある意味、最終回の〝夢オチ〟に進むまでのストーリーが、一番わかりやすかったかもしれませんね。

果てない理想と厳しい現実がせめぎ合う日々の中で、人は誰しもそこから逃避したくなる瞬間がある。

夢の中の自分は理想のすべてを叶えていて、そこに留まればこれほど楽しいことはない。

でも大切な何かをなくしても、人知れず悩みを抱えていても、僕らは現実の日々の中で懸命に生きなければならない。

それを教えてくれたのが「バベル九朔」なんですよ』

――自らの出演ドラマをそう分析してみせた高地。

『風磨は主役として堂々と自信を持って演じていたように感じましたし、
実際に〝その通りだな～〟って見てました。
それでこそ〝僕の風磨〟です』

菊池は高地にとって、これまで〝常にカッコいい背中を見せつける年下の先輩〟であり続けてくれたという。


『すごい因縁を感じるのは、誕生日も僕が1994年3月8日で風磨が1995年3月7日。

暦を少しズラして僕を元日に持ってきたらアイツが大晦日になる関係で、
ちょうど1年の始まりと終わりに生まれてるんですよね。

でも悔しいかな、そんな風磨は〝終わり〟のクセにいつも〝始まり〟の前にいる。

いまだかつて一度も前に出たことがない』

だからこそ〝年下の先輩〟として、素直に菊池を尊敬することが出来るのだ。

『そんな風磨が今回のドラマでは役作りに悩んでいる姿を僕の前で隠そうとしなかったり、
「さっきの俺の芝居、どうだった？」――と意見を求めてきたり、
10年以上経ってドラマで初共演して気づいたのは、
「風磨も普通の人間なんだな」――ってことでした。
そうしたら風磨に対して抱いていた、
心の隅の隅にある〝一種のわだかまり〟が消えたんです』

いつも自分に背中を見せていた菊池が、このドラマの現場では自分の〝隣〟にいて、意見を求めてくれている。

その瞬間が高地は、何よりも嬉しかったのだ。

『僕と風磨はたとえ連絡先を知っていても1対1で待ち合わせをして遊ぶ仲じゃないし、一定の距離感はお互いがキープしていたと思います。

でもそれは、裏を返せば〝強烈に意識し合っていた〟〝気にし合っていた〟こと。

だから僕は彼の長所や短所を知り尽くしている。

頼ってくれたことは「まさか頼ってくれるとは!」……の〝まさかの出来事〟でした(笑)』

それは菊池風磨が髙地優吾を真に認めている証。

これからも2人は〝年下の先輩〟と〝年上の後輩〟として、この先ずっと良い関係性を築き上げていくことだろう。

「もっと羽ばたきたい！」――〝息子から芸能界の父〟への力強い宣言

今年の2月8日にオンエアされたフジテレビ『痛快TV スカッとジャパン』に――

『ようやく呼んでもらえました』

――と大喜びだった髙地優吾。

『番組でも話しましたけど、僕は完全に内村さんの〝息子〟。
でも『スクール革命！』で小学校、中学校、高校の12年間と同じぐらい勉強したから、
次は大学に進みたい。
……あっ、番組を卒業するとかの話じゃありませんよ（笑）』〈髙地優吾〉

2009年5月24日のオンエアで最終選考の合格者として発表されてから、この5月で丸12年――確かに小学校から高校までの12年間と同じ長さになる。

ちなみに高地が『番組でも話しましたけど』と言うのは、〝告発！あの人に言いたいことがある！〟というトークテーマになった時、内村光良から「私に言いたいことがあるんですか」と話を振られた時の話。

高地は――

『ジャニーズ事務所に入ってから内村さんの番組で育ったので、他の番組に行った時にペースが速すぎて（番組の流れについていけない）……』

――と、『スクール革命！』がいかに〝ノンビリ〟とした番組であるかを訴えたのだ。

『内村さんは――
「『スクール革命!』っていうのは特殊な番組なのよ。
山崎(弘也)とかオードリーとか、みんな手を抜いてやってんの。
だから俺まで力抜いてやってんの。
ここじゃ(『スカッとジャパン』)、キリッとしてるよ」
――ってネタにして僕までオイシくしてくださったけど、
僕は本心として『スクール革命!』以外でも羽ばたきたいんです』

――おっと、これを〝卒業宣言〟と言わずして、何と呼べばよいのだろうか!?

『僕は番組が続く限りは、番組から「高地はもういらない」と言われるまでは、
意地でも『スクール革命!』にしがみつくつもりですから。
そうじゃなくて〝内村さんの息子〟として、
お父さんがやってる他の番組にもどんどん挑戦したいんです。
今回の『スカッとジャパン』みたいに』

おそらく内村は否定するだろうが、番組スタート時から出演している八乙女光、山田涼介、知念侑李はともかく、オーディションでの途中参加となった高地については、内村の一存でレギュラーを外す力ぐらいは持っているだろう。それで12年もレギュラーを続けているのだから、高地が内村に〝気に入られている〟ことだけは間違いない。

こうなったら息子として、お父さんに少しぐらい〝おねだり〟をしても許してもらえるのでは?

現在、内村光良がMCを務める『スクール革命!』以外のレギュラー番組は、『世界の果てまでイッテQ!』『痛快TV スカッとジャパン』『そろそろ にちようチャップリン』『THE突破ファイル』など。さらに定期的にオンエアされる番組やスペシャル番組に『内村のツボる動画』『うわっ!ダマされた大賞』『笑神様は突然に…』『LIFE!~人生に捧げるコント~』があり、その他には年に1回、正月だけの特番も制作されている。

なるほど、確かにこれらの番組に呼ばれるようになれば、バラエティタレントとしての〝腕〟も相当上がること間違いなしだ。

『特にガチで狙ってるのは『LIFE!～人生に捧げるコント～』です。
やっぱり内村さんは〝コント師〟で、
もちろんバラエティのMCも楽しそうにやってらっしゃるけど、
（『スクール革命!』の）楽屋でいろいろと話を聞かさせてもらってる時、
一番、目が輝いているのが『LIFE!』の話をしている時なんです。
内村さんに小学校から高校まで育ててもらった僕が進学する大学は、
『LIFE!』大学しかありません!』

これはまた競争力の高い大学を選んだものだ。

しかしその選択、絶対に正解だろう。

高地優吾が〝芸能界の父〟のサポートを得て、今後バラエティ界で大きく羽ばたくことを願おう――。

高地優吾フレーズ

『Hey! Say! JUMPの八乙女光くんと会って最初に言われたのが――

「誰だって最初は素人だから失敗を気にするな」

――のアドバイスだったんですよ。

そのひと言で本当、肩の力が抜けました』

番組オーディションの合格者としてジャニーズJr.入りした高地優吾に、八乙女光からの粋な励まし方。おそらくは八乙女も、同じように先輩から励まされてきたのだろう。こうして受け継がれていく言葉もあるのだ。

『自分が頑張ってきた〝過去〟が大切なのは、
頑張ったからこそ〝未来〟のきっかけやヒントを得られるところだと思うんだ』

（過去の）経験が何よりものをいうのは、トラブルや壁にぶち当たった時、その解決のきっかけやヒントを掴ませてくれるところ。それはもちろん、頑張れば頑張るほど自分の中に貯まっていく。

『希望ってさ、それが何であれ、いつも持ってないと〝明日〟がつまんなくね？』

夢や希望は人が生きていくための糧。その糧があるからこそ、明日も前を向いて頑張れる。希望のあるなしで充実度や満足度が違うのだ。

5th Chapter

森本慎太郎

Shintaro Morimoto

SixTONES

SixTONESがバックにJr.を付けない理由

『SixTONESがCDデビューした直後から新型コロナの影響が出始めて、2020年の年明けからスタートした『TrackONE -IMPACT-』ツアーは、デビュー前の横浜アリーナとマリンメッセ福岡、2月の大阪城ホールだけで中止。今年予定していた『on eST』ツアーも振替になったじゃないですか。オンラインのコンサートはやっても、やっぱりファンのみんなの前でライブをやりたい！　それが徐々に叶い始めそうで嬉しいんですけど、ふと去年、キスマイの二階堂くんに言われたセリフを思い出したんですよね』〈森本慎太郎〉

2012年のバカレア組から8年――遂に2020年1月22日にCDデビューを果たしたSixTONESではあったが、直後に日本を襲った新型コロナ禍は、彼らが最も得意とする〝ライブパフォーマンス〟の場を奪う。

デビューから丸1年3ヶ月、ようやくイベントの入場制限も緩和され、待ちに待ったツアーが再開されれば、まだ2019年の水準には戻れなくても――

『生の俺たちでみんなに会える時間がやって来る』〈森本慎太郎〉

――のだ。

『デビュー直前のNHK紅白歌合戦に、
僕らとSnow Man、ジャニーズJr.で東京オリンピックの応援企画に出たじゃないですか。
あの年、キスマイ兄さんたちも初出場で、
リハーサルの時はずっと一緒にいたんですよ』〈森本慎太郎〉

〝バカレア組〟と呼ばれた時代からSixTONESが結成されても、6人はKis-My-Ft2のコンサートでバックに付いていた。

面倒を見てもらった先輩の初出場に立ち合えるのは――

『本当に嬉しかったし、自分たちが出場を目指すモチベーションにもなった』

――と振り返る森本。

するとそこで、こんなセリフを二階堂高嗣から言われたそうだ。

『「SixTONESはデビューしても（バックに）Jr.付けないの?」――と聞かれたんです。
僕ら2019年に初めて単独ツアーをやらせてもらって、
その時は「まだJr.の自分たちがJr.をバックに付けるなんて考えられない」感覚で、
今思い出せばメンバーの間でもそんな話をしていたんですよ』

SixTONESはジャニーズJr.時代の2019年3月から5月にかけ、単独コンサート『CHANGE THE ERA －201ix－』を横浜アリーナ、セキスイハイムスーパーアリーナ、大阪城ホールで開催。追加公演を含む10公演で13万6,000人を動員している。

そのツアーの一番最初の打ち合わせで「バック付ける?」と制作サイドから尋ねられ――

『それまで〝付いていた側〟の自分たちが、「Jr.を付けるか」って聞かれたこと自体が衝撃的だった』

――らしい。

『それで結局『CHANGE THE ERA －201ix－』はJr.を付けなかったんですけど、二階堂くんに言われて、「デビューしたらしたで、また考えなきゃいけないのかな?」――って気持ちになったんですよ。実際には『TrackONE －IMPACT－』もバックは付けませんでしたが』

そんな森本に二階堂は自分の経験を踏まえ――

『自分たちがJr.だった頃に同じステージに立っていたJr.の仲間が、
次は自分たちのバックで踊ってくれる。
確かに感覚的にはこそばゆいし申し訳ない気持ちにもなるけど、
逆にバックのJr.たちにはデビューを目指すモチベーションになるし、
お前らの背中から学ぶことってたくさんあるんだよ。
だからそんな仲間のために、あえてバックを頼むこともすごく大切な役目だとわかって欲しい』

――と語りかける。

なるほど、それはSixTONESと同じように長い下積みを経験したKis-My-Ft2の
〝2〟だからこその、独自の説得力だったのではないか。

『それは本当によくわかりましたし、
僕らもバックに付いたJr.から受ける刺激がきっとあると思います』

しかし結局、SixTONESはジャニーズJr.をバックに付けなかった。

『また〝別の意味〟があって、まず自分たちは6人でのパフォーマンスが精一杯で、
Jr.がバックに付いても彼らを活かし切れない。
それよりも僕らも付いて勉強したHey! Say! JUMP、Kis-My-Ft2、
それにSexy Zoneに付いたほうが「Jr.のためになるんじゃないかな」――って。
もちろんいつかは、SixTONESもJr.を付けてステージに華を添えてもらいたいと思ってます。
でもその前に、自分たちのパフォーマンス力をもっともっと高めること。
それが先決かな？』

二階堂高嗣のアドバイスは胸に染みた。

『しかし自分たちがそのポジションに上がるまでには、もう少し時間がかかる』

おそらくそれが、森本慎太郎の本音なのだろう――。

待ち望んだ〝スカッとデビュー〟

『本当に出てみたかったし、SixTONESの中でもたまに話題に出るんですよ。

「昨日の『スカッと』面白かったな」――とか』

今年の3月1日にオンエアされた『痛快TV スカッとジャパン』の「神店員スカッと」に、ラーメン屋の神店員役で出演した森本慎太郎。


『最初にオファーを頂いた時、「これはヤバい!」――と思って、
3日間ほど毎日2食ラーメン食いに行きました。

ほら、一口に〝ラーメン屋の神店員〟と言われても、頭の中だけじゃイメージが湧かないから。

実際、目の前の店員さんを見ながら、自分なりに膨らませて役作りしないと。

そのおかげで個人的には、かなり満腹……じゃなかった、満足のいく芝居が出来たと思います』

なるほど、「神店員スカッと」は〝ショートスカッと〟にしろ、そこまで力を入れて役作りしたとは。

……っていうか、いくら役作りのためとはいえ、1日2食もラーメン食べてたら太るんじゃない(笑)?

でも確かに「神店員スカッと」での森本は、1月に同じくラーメン屋の神店員役で出演した渡辺翔太に負けじと、なかなかのイケメンぶりを見せてくれた。


『ラーメン屋さんの〝神店員〟といえば、やっぱり「ラーメン、つけ麺、僕イケメン」――ですからね(笑)。美容番長のしょっぴーに負けないように、〝ワイルドの中に潜む優しい素顔〟をチラッチラと見せて頑張りました』


森本が演じたのは、ラーメン屋で親子の心を温める〝カッコよすぎる神店員〟。

とあるラーメン屋を訪れた小さな子どもがいる夫婦は、チャーシュー麺2つと子ども用の器を1つ注文。神店員・神原照石(森本)は、「おいしいラーメン作るから待っててね!」と爽やかな笑顔を見せて厨房に。

するとお腹を空かせた家族の前に神原が持ってきたのは、なぜかチャーシュー麺1つのみ。「注文を聞き間違えているのでは?」と疑問に思う夫婦は、そこにラーメンと一緒に心まで温めてくれる〝神店員〟の気配りが秘められていたことを知る――というストーリーだった。

『この番組はガチに売れっ子の俳優さんたちが、
コントドラマの中でも芝居の上手さを見せつけてくれるから好きなんです。
スカッとしないワケがない』

出演者たちが本気で取り組む〝芝居の上手さ〟がスカッとする要因のひとつだと話す森本。

「特に今年に入ってからは〝神店員〟や〝胸キュン〟にジャニーズJr.が大挙出演しています。1月にはTravis Japan・中村海人くんと松田元太くん、HiHi Jets・作間龍斗くんが同じ放送回に。それ以降も美 少年・岩﨑大昇くん、那須雄登くん、浮所飛貴くん。さらにTravis Japan・七五三掛龍也へとバトンが受け継がれました」(フジテレビ関係者)

ちなみに〝異例〟だったのは2月8日の『痛快TV スカッとジャパン 投稿！爆笑悪女グランプリ2時間SP』で、番組初出演が叶った高地優吾。

本人は――

『胸キュンだな。胸キュン』

――と、すっかりその気になっていたのに、メインMCで〝芸能界のパパ〟的存在の内村光良に、

『お前はスタジオにいなさい』

――と、スタジオゲストのほうに。

『高地、めちゃ落ち込んでましたから。
でも普通に考えると、ロケよりもスタジオにいたいところ。
アイツ、どこをどう考えたら〝胸キュンでいける〟と思っていたんだろ。
王子様要素から一番遠いところにいるのにね(爆)』

そう言って笑う森本慎太郎。
こんな風にイジられるのも、高地がリーダーとしてメンバーから慕われている証。
さて次に〝神店員〟か〝胸キュン〟で、スカッとデビューを果たすメンバーは誰?

〝パパ〟から〝ダチ〟へ――あの大物タレントとの関係

『僕の話で樹があんなに喰いついたの、初めてでしたからね。
嬉しいといえば、実はそっちもかなり嬉しかったんです』〈森本慎太郎〉

ここでお話ししたいエピソードは、3月20日深夜にオンエアされた『SixTONESのオールナイトニッポンサタデースペシャル』での、森本慎太郎による――

『憲武は俺のダチ』

――発言についてだ。

「かなり懐かしいことをいろいろと思い出しました。憲さんと慎太郎くんが今も繋がっているとは、まったく知りませんでしたけど。だって当時、憲さんが50才近くで、慎太郎くんは小6から中2になる前ぐらいだったんじゃないですかね。本人の言う通り、完全にお父さんと息子の年令差でしたから」

2009年から2011年にかけて放送されたバラエティ番組『お茶の水ハカセ』（TBS）を担当していた元ディレクター氏は、そう言ってやや遠い目をしながら当時を振り返った。

「番組自体はワンクールごとに企画やコーナー、番組のコンセプトがあっち行ったりこっち行ったりして、決して成功したとは言えない番組でした。毎週火曜日20時台のゴールデンで、視聴率に振り回された結果です。でもそんな番組でも終了から10年経って憲さんと慎太郎くんの関係が続いていたのだとしたら、その出会いを作れたことは誇りに思います」（『お茶の水ハカセ』元ディレクター氏）

『SixTONESのオールナイトニッポンサタデースペシャル』で、少し前に木梨憲武に呼び出されたエピソードを披露した森本慎太郎。

その内容に田中樹はコーフンし、メンバーと大物芸人の交流に驚きの声を上げていたのは皆さんもご存じの通り。

2009年11月から2011年3月まで毎週火曜日の19：56から20：54でオンエアされていた『お茶の水ハカセ』には、木梨と森本以外にも三村マサカズ、大竹一樹、森三中、はいだしょうこ、さらには占い師の魚ちゃんなどが出演。

元ディレクター氏の言う通り、森本は小6の11月から中1の終わりまで出演し、木梨を『芸能界のパパ』と言うほど収録中はひっついていたそうだ。

「端から見ても、本当の父子のように打ち解けていました。憲さんには慎太郎くんの2才上の長男、1才下の次男がいるので、同世代の慎太郎くんの扱い方はさすがに慣れたもの。だからこそ彼も、遠慮なく甘えられたのだと思います」（同元ディレクター氏）

森本も木梨について――

『ちょっと久しぶりというか、少し間が空いてお会いしても、すごく安心感があって、いつも守られている感がある』

――と、周囲に話しているそうだ。

また木梨も――

『『とんねるずのみなさんのおかげです』の〝仮面ノリダー〟でチビノリダーをやった、子役時代の（伊藤）淳史が長男なら、慎（太郎）は次男』

――などと、森本本人にも聞かせていたという。

なるほど、そういう関係にあったからこそ、「芸能界のパパ」と慕っていた相手から「最年少の友だち」と呼ばれれば、コーフンして大騒ぎするのも当然だろう。

「番組で慎太郎くんが話していたところによると、憲さんと昼ごはんの約束をしていた当日の朝10時頃に『今から来いよ』――と、まさかのアトリエに呼び出されたそうです。アーティストとしても活動する憲さんにとって、アトリエは仕事場であると同時に自分の聖地でもある。そこに呼び出されたこと自体、慎太郎くんとの信頼関係を証明していますよね。すると憲さんがいきなり誰かに電話をかけ始め、しばらく話した後に『俺の芸能界にいる最年少の友だちに代わるから』――と言って、慎太郎くんに電話を渡した。それが『すんごい嬉しくて』――と、慎太郎くんは田中くんに話していました」（同氏）

森本にとって木梨は、幼い自分をテレビ界の水に慣らしてくれた「芸能界のパパ」だった。

しかし初めての出会いから干支もぐるりと一周し、個人としてもグループとしても数々の経験を積み、ジャニーズJr.の一人からSixTONESのメンバーへと成長。

そんな森本を木梨は――


『もうパパじゃない。

パパはいつも子供を守る存在。

成長した慎は、もう俺に守られるほど弱くはない。

立派に対等な〝友だち〟としてつき合おう』

――と、認めてくれたのだろう。


「ラジオでは田中くんも〝すげえ!〟を連発していましたが、彼の想像以上に慎太郎くんは凄い。

だって憲さんが〝友だちづき合い〟をしている芸能人、どんな名前が並ぶと思います?」


――そう言って謎かけ風に尋ねてきた元ディレクター氏。

木梨憲武とはお互いに「プライベートでは友人関係」と公言する芸能人の、その超豪華ラインナップをご紹介してみよう。

北島三郎を筆頭に、宇崎竜童、水谷豊、笑福亭鶴瓶、所ジョージ、佐藤浩市、高橋克実、中井貴一、江口洋介、藤井フミヤ、ヒロミ、三村マサカズ、大竹一樹、水樹奈々、酒井法子、上田晋也、森山直太朗、そして先に名前が挙がった伊藤淳史。

ここに新たに〝森本慎太郎〟の名前が加わったのだ。

「最年長の北島先生が１９３６年10月４日生まれの84才。そして憲さん自身が〝芸能界にいる最年少の友だち〟と言った慎太郎くんは、１９９７年７月15日生まれの23才。年令差は何と61才もあります。北島先生は演歌界の帝王で、慎太郎くんはアイドル界の2年目。共に歌の世界で生きる頂点の人物とほぼ新人の２人も、間接的に〝友だち〟になるのでは？　だって友だちの友だちは〝友だち〟ですからね（笑）」（同氏）

〝友だちの友だちが友だち〟……かどうかはさておき、〝パパ〟から〝友だち〟に変わった芸能界の大先輩・木梨憲武と森本慎太郎の信頼関係は、これからもずっと続いていくはずだ——。

〝役者・森本慎太郎〟新たなステージへのステップアップ

フジテレビの毎週月曜日午後9時台のドラマ枠、通称〝月9〟33年間の歴史において、史上初めて2020年10月クール、2021年1月クールと2クール、半年間の放送になった『監察医 朝顔』セカンドシーズン。

「10月スタートで3月に最終回を迎えるパターンは、あの『相棒』シリーズと同じです。しかし『朝顔』は10月クールといっても初回が11月2日のオンエアだったので、2クールドラマにしては放送回数が19話とやや少ない。それも本来であれば2020年7月クールからの年内いっぱいの予定が、コロナ禍で先送りにせざるを得なかった。そんな事情を考えると、現場は懸命に頑張って2クールを乗り切ったのです」（ドラマ制作会社スタッフ）

森本慎太郎はご存じの通り、ファーストシーズン（2019年7月クール）からの出演。しかもセカンドシーズンではスピンオフ配信の主役を務めるなど、主人公・朝顔の夫役を演じた風間俊介に勝るとも劣らない活躍ぶりを見せてくれた。

『しかもラスト2話は、衝撃のアレですもんね（笑）。
僕、収録の少し前にりんたろー。さんの番組に呼ばれていて、その時のりんたろー。さんがすっごい優しい人だったから、まさか〝刺される〟とは思ってもみなかったですよ』

森本にとってこの作品は――

『この現場に来るのが本当に楽しみで、それはこれまでに出させて頂いた作品で一番です』

――と、感想を語っている。

『こんなにも凄く充実した撮影期間を過ごせたなんて信じられません。

2クールのドラマは僕も初めてで、やっぱ最初は半年間のペース配分が不安でした。

それでもポジティブに前を向いて進むしかないし、

周囲の優しい先輩方がリードしてくださったおかげで完走することが出来たんです。

勉強することもたくさんあったし、悔しい想いもたくさんした。

皆さんと話したこと、背中を見て学んだことは、僕のこれからの財産。

胸を張って〝皆さんと共演した〟と言える存在になっていきたい』

そんな森本の気持ちも後押しをしたのか、ファーストシーズンの全10話、セカンドシーズンの全19話の合計29話のうち、視聴率が1桁に終わったのはセカンドシーズン第7話の9．5％の1話のみで、他の28話はすべて10％以上を記録。

そこには主人公を演じた上野樹里の、知られざる気配りを忘れてはならない。

『視聴率がほとんど10％を超えたのは、僕も地味に嬉しかったです。

それに朝顔役の上野さんが一人一人の楽屋や控室に顔を出して――

「皆さんのおかげです。これからもよろしくお願いします」

――と言いながら、美味しいお弁当を差し入れしてくれたんです。

そんな上野さんの力にならなきゃ、「いつ力になるんだよ！」――みたいな』

そんな上野樹里の共演者への気配りもあって、半年間という長丁場でモチベーションが下がることはなかった。


『それと今回は〝誰かのために頑張る〟という気持ちが、僕の中で芽生えたのは収穫でした。

上野さん演じる朝顔だったり、森本の相棒でもあった平さん（時任三郎）だったり。

みんな作品の中のキャラクターだけど、自分でも驚くほど感情移入していました』

おそらく森本は、役者として〝新たなステージ〟に上がろうとしているのではないだろうか。

『本当ですか⁉
自分ではまったく気づいてないんですけど』

そう言って笑った森本慎太郎。
今はまだ気づかなくていい。
いずれきっと、今回の経験が糧になり、自分の〝成長〟に気づく時が来るのだから。
その時、確実に森本慎太郎は〝役者〟としてステージアップしているのだ。

ドラマ出演で得た〝アイドルとしての成長〟

月9ドラマ『監察医 朝顔』のメインになるのは朝顔が勤務する興雲大学法医学教室だが、その法医学教室と密接な関係なのが、所轄警察署でもある神奈川県警野毛山警察署。

森本慎太郎が演じた森本琢磨はシリーズを通して強行犯係の刑事であり続け、興雲大学法医学教室と関わりを持っていく。

「琢磨の相棒でもあった朝顔の父・万木平（時任三郎）、朝顔の夫になる桑原真也（風間俊介）も、共に強行犯係の刑事でした。しかし野毛山署に居続けたのは琢磨だけで、当然法医学教室のメンバーとも打ち解けるはずだったのですが、なぜか安岡光子役の志田未来さんとだけは、最後までギクシャクしたままでクランクアップしたそうです」

〝ギクシャク〟といっても両者の間に何らかのトラブルがあったわけではない。

話してくれたのは、当のドラマを担当した制作スタッフ氏だ。

「ファーストシーズンの頃は彼もまだジャニーズJr.で、放送期間中に〝デビュー〟が発表されました。芸能界やテレビ界にいればジャニーズJr.からデビューすることがいかに大変かは想像がつくので、あの時は出演者からスタッフまで、全員から祝福されていました」（ドラマ担当制作スタッフ氏）

その祝福の輪には志田もいたが、森本はなぜか志田に話しかけられると、いつも素っ気ない対応しか見せなかったという。

「物語の中でも琢磨と光子の絡みは数えるほどしかないので、最初は慎太郎くんが〝人見知り〟を発動しているだけだと思ったんです。ところが話を聞いてみるとそうではなく、**『志田さんの前に出ると緊張で〝アワアワ〟言っちゃうんです』**──と言うんですよ」（同制作スタッフ氏）

まさか森本が、志田の熱狂的なファンだったとかそんな話ではない。

実は志田、森本がジャニーズJr.入りした2006年から一気に脚光を浴び、翌年にはジャニーズの先輩でもある山田涼介と『探偵学園Q』のメインキャスト同士で共演し（※主演 神木隆之介）、高校も堀越高校で直系の先輩。

それゆえに森本は――

『こちらから話しかけていい相手じゃない』

――と、すっかり恐縮していたのだという。

「志田さんは芸歴20年選手ですけど、それは6才から子役を始めているからで、年令そのものは慎太郎くんと4才しか変わりません。それも慎太郎くんが彼女の前だと緊張する理由のようです」

(同氏)

6才で子供劇団に入団した志田未来は、早くも翌年には連ドラ『永遠の1／2』(TBS)の第3話でドラマデビュー。2005年には天海祐希の怪演が話題になった『女王の教室』で、裏主人公とも言うべき生徒役を演じて大きな注目を集めると、森本がジャニーズJr.に入所した2006年には『14才の母』でショッキングな役柄で連ドラ初主演。そして翌年には『探偵学園Q』で真逆のキャラクターを演じ、この3作品で〝若き天才女優〟の名を欲しいままにする。

『僕自身は『女王の教室』も『14才の母』も少し流し見していただけの感覚だけど、話題のドラマだってことは理解してましたね。

それで志田さんの顔と名前は知っていて、『探偵学園Q』じゃないですか。

原作マンガは『金田一少年の事件簿』と同じ作家さんだからもちろん読んでいたし、山田くんは当時Jr.の一番人気で、
しかもドラマがオンエアされていた期間にHey! Say! JUMPの結成が発表された。

僕の兄もメンバーで、横浜アリーナの発表の時は僕も現地でコンサートに出てましたから。

テレビでも中継されるぐらい〝大事件〟でしたよ』

ジャニーズJr.入りしてからの最初の2年、その強烈かつ鮮明な記憶の中に、今でも志田未来の姿が見え隠れする森本慎太郎。

『探偵学園Q』の同級生トリオは3人とも堀越高校に進学し、後に先輩として彼の記憶に刻まれているのだ。

『志田さんが結婚したの、いつだっけ？

僕らデビューも決まってないJr.の頃ですよね（※2018年9月）。

でも改めて芸能界ってスゴいですね。

別に志田さんと直接会ったり話したりする友だちでも何でもないのに、
テレビで見ているせいか、志田さんの人生をめちゃめちゃ知った気になっちゃうんだもん（笑）。

本当のことは何一つ知らないし、これから先も知ることはないのに。

でもファンのみんなも、どっかしらそういう気持ちがあるから、
長く応援してくれる人がいるんでしょうね』

ひょんなことから〝ファン心理〟という、新たな発見をした森本慎太郎。

それを知った以上、絶対にファンを泣かせたり失望させたりすることはないだろう。

このドラマで森本は〝役者〟としてのみならず、一人の〝アイドル〟としても成長を遂げたのだ――。

森本慎太郎フレーズ

『たとえデビューの確率が低くても、
そこで諦められるほど軽い気持ちでジャニーズにいたことはない』

小学3年生でジャニーズ事務所に入所、Hey! Say! JUMPのメンバーだった兄が退所したタイミングも含め、何度か〝辞めやすい〟節目を経てきた慎太郎がここまでやってきた理由は、まさにこの短いセリフが語り尽くしている。

『まだ子供だったからハッキリとは覚えてないけど、
芝居にも歌にも苦手意識があったから、
大人に褒められれば褒められるほど、それが嬉しくて頑張ったんだよね。
単純でしょ（笑）』

苦手を克服し、それを特技にまで変えてくれたもの。慎太郎はそれを「大人に褒めてもらえたから」――と振り返る。単純ではなく、間違いなく彼は〝褒められて伸びる子〟だったのだ。

『ここ何年か憧れの先輩や尊敬する先輩方が退所していくけど、
もし自分がその決断をする時が来たら、
絶対に自分の進む道に胸を張って歩ける自分でいたい。
〝ずっと懸命に生きた勲章〟を付けてね』

この3月でジャニーズ事務所を退所するTOKIOの長瀬智也。
慎太郎はTOKIOにとって〝最後の弟分〟。そんな兄貴たちに
慎太郎が学んだのが、彼らが見せてくれた〝生きざま〟なのだ。

6th Chapter

田中樹

Juri Tanaka

SixTONES

ファッションセンスバトル〝SixTONES vs Snow Man〟

2月25日にオンエアされた日本テレビ『ヒルナンデス！』の〝ファッションセンス格付けバトル〜ジャニーズSP2〜〟に、北山宏光（Kis-My-Ft2）、中間淳太（ジャニーズWEST）、桐山照史（ジャニーズWEST）らと出演した田中樹。

この〝ファッションセンスバトル〟は参加者たちがテーマに沿った全身コーディネートを披露し、人気スタイリストによるランク付けを受ける人気企画。

〝ジャニーズSP2〟の今回は「春のドライブコーデ」をテーマに、それぞれドライブの目的地やデートプランも考えながら、コーディネートでファッションセンスをアピールした。

『いや本当、前回は（向井）康二が優勝しているから、
僕としては〝Snow Man vs SixTONES〟の意味も含め、
絶対に負けられない戦いでもあったわけです。
（ジャニーズ）WESTの2人は番組のレギュラーだし前回も出てるし、
コツという点では有利ですからね。
実際、最後に1位と4位が残った時、桐山は余裕のドヤ顔でしたから。
まあ、軽く蹴散らして優勝しましたけど（笑）』〈田中樹〉

先輩の桐山照史に対する態度はアレとして（笑）、このオンエアのおよそ1ヶ月前に放送された
〝ジャニーズSP1〟では、Snow Manの向井康二が優勝。
ここでSixTONESが2位以下になるのは許されなかった。

「第1回のジャニーズ格付けバトルは、その向井くんと『ヒルナンデス!』火曜日レギュラーの八乙女光くん(Hey! Say! JUMP)、そして中間くんと桐山くんでした。樹くんが『同日デビューの康二には負けられない』――と気合いが入っていたのと同じように、八乙女くんも『最近、同期だと知った桐山には負けられない』と鼻息が荒かったですね。しかしそんな2人を尻目に、後輩の向井くんがアッサリと優勝してしまいましたけど(笑)」(番組スタッフ氏)

だがそもそも、向井はV6の三宅健をファッションの〝師〟と仰ぎ、自ら「365日、毎日違ったコーデを着るようにしている」ほどのオシャレ好き。軽く見ていた先輩3人は、負けるべくして負けたのだ。


『だからこそ余計に、康二には負けられなかったんです。

アイツのおかげでSnow Man全体に〝オシャレなグループ〟のイメージが付いちゃった。

阿部(亮平)ちゃんがいる以上〝頭〟では勝てないけど、
ファッションのお勉強には方程式や因数分解はいらない。

優勝することが僕の使命』

そんな田中は当初、バトルでマークすべき人物は〝北山宏光〟と考えていたらしい。

『WESTの2人は番組に慣れてるだけに、あまり奇抜なファッションは狙ってこないと思うんです。
2人が安全策で来るなら、そんなに怖くない。
怖いのは北山くんが〝10年前の北山くん〟に戻って、一発狙いに来た時』

――事前にそう話していた田中。

ここで優勝して「『ヒルナンデス！』レギュラーを狙っている」と豪語する北山は、鎌倉デートをテーマにコーディネート。

しかし「昔はイケイケの服でキメていた」「いつでも夜遊びに行けるように着替えを持ち歩いていた」「グループが一堂に会する場面では、どの先輩よりも一番先輩面をしていた」という北山は、同系色でまとめたコーディネートを「遊びが足りない」と指摘され、〝ちょいダサ〟の第3位という〝バラエティで一番獲ってはいけない順位〟で終了する。

『見た瞬間に「北山くん（の1位）はないな」――って（笑）。

やっぱ30代半ばで落ち着いちゃったのかも。

江ノ島デートの中間くんはシルバーのネックレスをアクセントにして、〝ちょっとオシャレ〟の2位。

……というかサロペットとアウターの桐山は、ガチであれで優勝出来ると思ってたのかな。

しかも前回最下位の理由を「子供っぽい」と言われたから、

「今回は大人のコーデ」がサロペットだもん。

僕から見たら、勝つ気がないとしか思えない（笑）』

――だからネタでも「桐山」呼びはやめなさいって（笑）。

〝ラフに行く海へのデート〟をテーマに、春らしいベージュのジャケットとパンツを合わせた田中樹。
プロのスタイリストに「すごくオシャレな着こなしだと思います。文句なしです」と絶賛され、
圧倒的な1位を獲得する。

それでも本人は――

『グループのメンバーには「私服がいつも一緒」と言われているので、やれば出来ることを、見てる人に証明出来たかなと思います。胸張ってグループ帰れます』

――と、謙虚な優勝のスピーチも満点だった。

ところで前回も今回も1位は〝後輩枠〟で2位・中間淳太、3位・ゲスト枠、4位・桐山照史の並び。

『ジャニーズでファッションコーデの格付けをやりたい』

――と提案したのは中間だそうだが、このまま続けるとむしろ「ジャニーズ〝ダサい王〟決定戦」の様相を呈してしまうのでは(笑)!?

それはともかく、次はぜひ向井康二vs田中樹の〝Snow Man vs SixTONES〟直接対決を見てみたい気もするがいかがだろう――。

田中樹がハマった〝新企画〟

『変な話、女子が脚の細さを競う気持ちがよくわかったことが収穫でしたね。オンエアの後はいろんなところで「脚が細い」って褒められて、まあ言ってみれば〝満更でもなかった〟ので（笑）』〈田中樹〉

2月25日、田中樹が出演した日本テレビ『ぐるぐるナインティナイン』。

オファーがあった時は「いよいよゴチか」と拳を握り締めたそうだが、ちゃんと話を聞くと「コスプレ」の新企画で、最初は『ゴチが良かったのに……』と、肩を落としたという。

『去年、初めて『ぐるナイ』さんから呼んで頂いた時は、
芸能人の〝勇気を出して初めての金髪ショー〟の立会人だったんです。
でも今回は立会人じゃなく〝コスプレをする出演者〟のほうだって言われて、
それはちょっと「出なきゃ損かな」――と』

――バラエティの血が騒いだということかな。


『あと〝新企画〟っていうのも、どんな企画でも〝最初がオイシイ〟のはテレビ界の鉄則。

成功すれば「俺が最初の出演者だから」ってドヤれるし、失敗したらネタになる。

いろいろなプラスマイナスを考えても、出ない理由はなかった』

その新企画こそが、まさかの「ダレダレ?コスプレショー」。

田中は『美少女戦士セーラームーン』の主人公、セーラームーン・月野うさぎのコスプレを披露した。

『コスプレをした姿を別室から披露して、
スタジオの皆さんがコスプレをしたタレントが誰かを当てるのがルール。
元メジャーリーガーの新庄剛志さん、アンタッチャブルのザキヤマ（山崎弘也）さん、
ぼる塾の田辺さんときりやさん、それからぺこぱさんが予想するんだけど、
全然僕の名前が出なくて悲しかったですよ。
今ゴチのレギュラーをやってる松下洸平さんや友だちのEXITかねちー（兼近大樹）はともかく、
神宮寺（King & Prince）まで名前が出たのに……』

別室からの中継映像では、体が華奢で首が長いシルエットが特徴、そしてプロフィールにもある〝特技のダンス〟だったが、こちらは山崎が「これはジャニーズでしょ？」と反応したにも関わらず、新庄からは「ジャニーズの踊りじゃない！」と一刀両断される始末。

『新庄さんはヒドい（笑）。
でも途中から別室で、
「当てられないのは自分の知名度の問題ではなく、
コスプレが完璧すぎるからだ」
——と思い直して、むしろ最後まで騙してやりたくなりましたね』

その言葉通り、種明かしまで正体がバレなかった田中。

ゲストの前に登場すると「かかったメイク時間は1時間」「コスプレ衣装の金額は10万円」であることが明かされ、つけまつげはもちろん、体毛を剃ってまで挑んだコスプレに出演者から「それだけの価値はある」「とにかく脚が細くて美しい」と称賛されると、確かに満更でもない表情でニヤニヤしまくっていた。

『やればやるほど凝り始めちゃって、
「もうちょっと胸大きくしませんか?」とか、
気がついたら自分から積極的に作り上げていましたからね。
鏡の中の〝変わっていく自分〟を見るのも楽しかったし、
メイクをしながら〝誰かキレイって言ってくれるかな〟とか、なぜかドキドキし始めていたし（笑）。
「そうか、このドキドキを味わうために女の子は自分を美しく飾るんだな」――って、
別に誰かが近くで教えてくれたわけじゃないのに、
いろいろと感じることが多かった体験でした』

実際、テレビの前ではファン以外の女性たちも大騒ぎするほどの出来映え。

まさか、これがきっかけで……。

いやいや、くれぐれも女装コスプレは〝お仕事の現場だけ〟にして、プライベートには持ち込まないでくださいね（爆）。

田中樹が負けた〝三宅健からのプレッシャー〟

『デビューしてからジャニーズの先輩方とバラエティで共演する機会が増えたんですけど、これまでに共演させて頂いた先輩方の中で、ぶっちゃけ一番緊張したのはV6の三宅健くんですね。

怖いとかそういうのではなく、もう完全体で〝自分の世界〟を確立されてるから、どこまでイジっていいのかわからなくて……。

いや〝イジって〟は違うな。

対応？ 対面？……何かそんな感じです（笑）』〈田中樹〉

その三宅健をはじめ、田中樹とジェシー以下、加藤浩次（極楽とんぼ）、板倉俊之（インパルス）、尾形貴弘（パンサー）、狩野英孝、ギャル曽根、ティモンディ（高岸宏行&前田裕太）、篠田麻里子、藤本敏史（FUJIWARA）、本並健治&丸山桂里奈夫妻、馬淵優佳、吉田沙保里ら総勢16名が2人1組で参加したシューティングサバイバル番組『THE鬼タイジ』（TBS）。

昨年の12月、突如として土曜日の午後枠でオンエアされた1時間番組が、今回は2021年3月9日（火）の夜7時からの2時間特番としてゴールデンタイムに登場した。

『ロケバスで会った三宅くんにいきなり、「あれ？　TBSだから向井と目黒が来ると思ったのに……お前らだったのか」――って、笑いながらジャブをもらいました（苦笑）。確かに康二たちは『冒険少年』のレギュラーでTBSさんと仲良いけど！　僕もジェシーもこの時はまだ『オオカミ少年』のこと知らなかったんで、上手いリアクションを返せなかったのが悔しいです』

この『THE鬼タイジ』は彼ら8組16人の出演者がプレイヤーとなり、人間に襲いかかってくる〝鬼〟を特殊銃で撃ち倒すシューティングサバイバル番組。

プレイヤーには鬼を1体倒すごとに賞金5万円がプレゼントされるが、鬼からの攻撃を受けてしまうと即失格となってしまう。鬼の襲撃から逃れて最後まで無事生き残ることができれば、合計獲得金額を賞金としてゲット出来るのだ。

『最初に台本を頂いた時、大きな声では言えないけどジェシーと、
「(『戦闘中』?)」……って顔を見合わせちゃいました(苦笑)。
実際、SNSでは「『戦闘中』のパクりじゃん!」という声もあったみたいですけど、
僕らはどんな仕事でも全力で取り組むだけですからね。
今回の優勝は吉田沙保里さんと馬淵優佳さんペアで、僕らは生き残れませんでしたけど、
この借りは『逃走中』のほうで返してもらおうかと思います(笑)』

そこで『戦闘中』ではなく『逃走中』のタイトルを出すあたり、田中のリアクションには成長を感じる。

さて前回の『鬼タイジ』は舞台が学校、そして襲いかかる鬼も30体だったが、さすがゴールデンに進出した今回は舞台もスケールアップ。何と倍の60体の鬼たちと、遊園地の〝さがみ湖リゾートプレジャーフォレスト〟で戦ったのだ。

『鬼が〝60体〟って聞いて「密か！」とツッコんでいたら、
三宅くんが「いや、61体だよ」――って囁くんです』

一瞬、何を言っているのかわからなかったが、すぐに――

『三宅くんも〝鬼〟ってコト!?』

――と気づく。
もちろん番組の仕掛けやドッキリではなく、三宅が勝手に――

『大丈夫。俺は〝お前ら専門の鬼〟だから。
ペイント弾当ててもいい？』

――と言っていただけの話。
なるほど、確かにこれは〝扱いにくい〟先輩に違いない……。

『でしょ。
僕もジェシーも苦笑いしか出なかったんですけど、
もっと困っていたのは三宅くんとペアのパンサー・尾形さん。
すっごい汗をダラダラ流して、
「えっ！ ちょっと待って。みんなどういう人間関係？」
……ってパニクってました』

それでもゲームが始まると、三宅は「5万円！」と声を上げながら、鬼にペイント弾を放っていたという。

『三宅くんは〝反射神経の人〟で、ゲームが始まると集中してました。
でも途中、何回か三宅くんの姿が目に入ると、
どっかしら〝(まさか)〟の気持ちが消えずに困りました。
……ええ、そうです。
僕らが最後まで生き残れなかったのは、三宅健くんのせいです！』

結局、番組開始前に放った三宅のブラフのせいで（？）サバイバルに失敗した田中樹チーム。
たとえそれが単なる〝言い訳〟にせよ、次こそ三宅健からのプレッシャーを跳ねのけて、最後まで生き残るのだ！

目指せクイズ王！　田中樹の新たなチャレンジ

3月21日の13時15分から15時までオンエアされた、日本テレビの新感覚クイズ情報バラエティ『クイズハッカー』。

出題された問題にスマートフォンの検索機能を駆使し、いち早く正解にたどり着くカンニングし放題（?）のクイズ番組だ。

MCが指原莉乃で、解答者は3人1組のチーム制で3チームが激突。

Sexy Zoneの菊池風磨、ジャニーズWESTの小瀧望、SixTONESの田中樹が〝チームジャニーズ〟として参戦した。

その他の2チームには、めるること生見愛瑠、陣内智則、歌舞伎役者・中村隼人の〝チームめるる〟。謎解きのプリンス、松丸亮吾にNON STYLE・井上裕介、3時のヒロイン・福田麻貴の〝チーム松丸〟。松丸の場合はチーム戦ではなく個人戦でも圧勝しそうだが、そこはスマホで検索するなら「めるるでも松丸くんを倒せるかもしれない」ところに、この番組の醍醐味とコンセプトがあるという。

『今だから話せるけど、それはもう、台本にしつこいぐらい、
「めるるでも松丸さんを倒せる」――と書いてあってさ、正直苦笑いしか出なかった。
でも風磨に「樹は男版のめるる」とか、
小瀧くんに「じゅりり」とか言われていた俺の、
終盤に向けての大活躍。
あれでウチのチームは最終問題までチーム松丸と同点だったんだからね！』

残念ながら、結局負けてしまったが……。

『いやいや、前半はチームめるるに独走されてたんだから。
それにしてもヒヤヒヤさせながら最後にはキッチリと勝つ。
さすが松丸さんはスゲエとしか言いようがないけど、逆にあれほど鮮やかだと、
「番組の構成や盛り上がりをコントロールしてたんじゃない？」……って思う。
やっぱ頭の出来が違うし、めるるは松丸さんを倒せなかった（笑）』

スマホを使って検索すれば必ず答えにたどり着く、知識ゼロの新感覚クイズ。インターネットの世界で見つけた驚きの情報から、謎解き、映像、音楽、雑学まで、それぞれについての知識がなくてもスマホさえあれば誰だって正解することが出来る。

MCの指原は苦しむ解答者の検索画面を見ながら、正解に導くヒントを出していく。

〝トランプ前アメリカ大統領と並んで「インターネット上で最も影響力がある人物」に選ばれた方がいます。その意外な理由は？〟

（正解　Wikipediaの最多投稿者）

〝NASA協力の事業で、一般人でも出来る2ヶ月で約200万円稼げるお仕事とは？〟

（正解　仰向けに寝て生活をする：無重力状態での体調の変化を調べるため）

〝世界最高額の参加費といわれるマラソン大会と参加費はいくら？〟

（正解　南極マラソン：参加費12，900ドル＝およそ140万円）

こうした出題を皆さんはすぐに解くことが出来るだろうか。

「実はこの番組、特番にするかレギュラーにするか、視聴者の反応を窺うパイロット番組だったのです」

話してくれたのは、日本テレビ制作部スタッフ氏。

ちなみに〝パイロット版〟とは、予行演習を兼ねた〝お試し制作〟の番組と思って頂ければ差し支えない。

「すでに新番組として立ち上げることが決まっていた番組で、スタッフの間では1年近く前から準備が進められていました。しかし解答者がスマホを駆使して正解にたどり着くことが醍醐味のハズが、その間、画的に間延びしてつまらないんじゃないか……と、編成サイドが難色を示し始めたんです。とはいえ確かに若干の間延び感はありましたが、何よりも解答者が楽しそうでよかったと思います」

（日本テレビ制作部スタッフ氏）

その一助には、間違いなくチームジャニーズの貢献があった。

菊池風磨が――

『答えが見つかる快感がたまらない』

――と言えば、小瀧も、

『楽しいと同時にめっちゃ勉強になる』

――とリアクション。

田中樹は――

『楽しいのは楽しいんだけど、ぶっちゃけスマホをもっと使えていると思って』

――と、楽しみながらも微妙に時代に取り残されている焦りの表情を浮かべたりもしていた。

『〝パイロット版〟だっていうのは、終わった後に教えてもらいました。

収録前に知っていたのは指原さんだけで、彼女クラスの売れっ子が――

「〝失敗しちゃいけない〟っていうプレッシャーで、
全然上手く回せなかった（進行させられなかった）」

――と言うほど。

僕ら3人が聞いていたら、きっとただスベリしていたかも。

でも考え方によっては、僕らもパイロット版の番組に呼んでもらえるだけの価値というか、
期待をかけてもらっていたのは本当に嬉しい。

特番でもレギュラーでもどちらでも、次があった場合は絶対に呼んで欲しいですね。

それまでにスマホのスキルを上げておきますから！』


番組に懸ける意気込みを語った田中樹。

特番でもレギュラーでもいいが、ぜひ〝次〟を期待したい。

もちろん、出来れば〝レギュラー番組〟であることを願いたい――。

ジャニーズ初の〝ラジオスター〟

『僕たちの番組がスタートする直前に、志村けんさんが新型コロナが原因でお亡くなりになって。

つまり僕たちの番組が2年目に入るということは、まだ1年前の出来事ってことですもんね。

もう物凄く遠い昔に感じてしまうけど』

2020年4月4日にスタートした『SixTONESのオールナイトニッポン サタデースペシャル』。

少し前には放送50回の最初の節目を迎え――

『回数はやっていけば勝手に増えていくものではあるけど、〝それだけ経験も増えた〟って意味だから、
そこはちゃんと成長していなければいけない』

――と、田中樹は気を引き締める。

SixTONESにとってはメディアを通して初レギュラーの冠番組。

基本的にはグループでMCの中心にいる田中樹と週替わりメンバー1人で進行する。

番組企画の『田中樹 全国ラジオ34局ラップチャレンジ』では、SixTONESのラップ担当でもある田中によるご当地番宣CMを制作。通常は全国共通のCMが流れるところ、全国34局各地域のリスナーからアイデアを募集して、1局ずつラップ詞を書き下ろしてCMを収録して話題になった。

またこの番組は生放送終了間際、次の時間帯(午前1時台)で『オールナイトニッポン』のパーソナリティを務めるオードリーと中継で会話を交わす趣向がしばしば行われ、昨年はそのトークを受けてオードリー・若林正恭が田中に誕生日プレゼントを贈っている。

さらに9月12日の放送回でゲスト出演したオードリー・春日俊彰と番組内で盛り上がり、翌週に誕生日を迎える若林へお返しの誕生日プレゼントを贈ることを決めたことも。

『半年ぐらいしか経ってないけど、めちゃめちゃ懐かしい。
だってあの時、春日さんの了解を得て、
ウチのリスナーを「リトルストーン」と呼ぶことにしたんだもんね。
「リトルトゥース」の皆さんは今ごろ〝真似するなんて許さない！〟って言わないよね（苦笑）』

ご存じではない方に念のため説明すると、リトルストーンは『オードリーのオールナイトニッポン』リスナーの〝リトルトゥース〟にちなんで命名されている。

『でも〝50回の節目〟は嬉しかったけど、
『オードリーのオールナイトニッポンANN』は僕らが50回なら「587回」って聞かされて、
自分たちがパーソナリティをやっているからこそ、その回数の凄さには脱帽だった。
単に僕らの11倍以上ってだけじゃなく、
10年以上、リトルトゥースの皆さんに支持されたことがとにかく凄い。
僕なんかまだ50回で、毎回のようにリトルストーンに「飽きられたんじゃね⁉」……って、
恐怖ばっかだもん』

ラジオはよく〝想像のメディア〟と呼ばれる。テレビのバラエティ番組のように〝画面〟がないので、耳から入ってきた情報だけを楽しむしかないからだ。パーソナリティの声やトークをリスナーが脳内で増幅させる。その想像力をいかに刺激することが出来るかで、オードリーのように10年以上もリスナーを〝掴んで離さない〟パーソナリティになれるかどうかの差に繋がるのだ。

『今さらだけど、前の時間帯（※放送枠）で喋っているからこそ、
「オードリーさんが偉大すぎることを知った」って言うと、
高地がやたらとドヤ顔で――
「若林さんと春日さんは高校時代の雑談と同じ感覚でナチュラルに喋ってるからな～」――って、
ウンウンって頷きながら語るんですよ。
そりゃアイツはジャニーズに入ってからずっとオードリーさんと仕事してるけど、
でもそれだけで自分を〝3人目のオードリー〟みたいに言うんです。
マジにSixTONESのリーダーじゃなかったら許さん（笑）』

田中自身も——

『オードリーさんって、トークがいつもフラット。
日常会話を電波に乗せてる感じ。
あれは超高度なトーク術とテクニックですよ』

——と、オードリーについては一家言あるようだ。

『僕は毎週、スタジオに「全国のリトルストーンを楽しませてやる！」——って、
気合いを入れてきてるんです。
でもオードリーさんは、フラッと入ってきてフラッと喋り始めたのに、
スッとリトルトゥースの心を掴んでいる。
そういうパーソナリティに、いつか自分もなりたい。
……あっ、髙地よりも先にね』

高地優吾をライバル視する必要はまったくないが(笑)、考えてみると、これまでにジャニーズからは〝ラジオスター〟は生まれていない。

田中樹なら間違いなく、そこを目指せるのではないだろうか——。

田中樹フレーズ

『将来の自分をいろいろと想像して、
〝ああしたい〟〝こうしたい〟って考えるのが楽しい時は、
今の自分が充実してるからじゃないかな』

次から次にやりたいことが浮かび、それを「滝沢くんに何て言えば実現するかな?」――と考えることが一番難しいと話す田中樹。

確かに今が充実しているからこそ、その先に想いが及ぶのだろう。

『どんなに太い木でも斧一本をコツコツ打ちつけたら、
いつか倒れる時が来るじゃん？
太い木を倒したければ、
それだけの努力と、それを続けられる信念が必要ってこと』

意味としては「石の上にも三年」に近いが、しかしただ石の上に座すだけではなく、ひたすら斧を振るう原動力は〝絶対に倒してみせる〟信念と努力の賜物というしかあるまい。

『「お前らに何が出来るんだよ」って見下されたり、笑われたり。
でもそのおかげで俺たちは強くなれた。
だからマジに感謝してるよ』

最初に聞いた時は田中樹の〝皮肉?〟と感じたが、本気でそう思っていると聞いて驚かされた。なるほど精神力が強くなったからこそ、ポジティブに受け入れることが出来るのだろう。それはおそらく他のメンバーも同じ。そうしてＳｉｘＴＯＮＥＳは強く大きく成長していくのだ――。

エピローグ

冒頭のプロローグでも触れさせて頂いたが、SixTONESファンの皆さんは、とかくKing & Prince、Snow Manとの対比にヤキモキする傾向が強い。

現在、ジャニーズで明らかに押されているのはその3グループなのだから、ファンの皆さん同士が〝バチバチ〟するのはわかるし、逆にバチバチしないほうが何だか拍子抜けしてしまう感すら受ける。

しかしKing & Prince、そしてSnow Manとの対比を〝プロの目線〟から測った場合、こと音楽性においては「SixTONESが抜けている」のが、テレビ界をはじめとしたマスコミの共通意見だという。

「それはSixTONESが2021年、新しい年の始まりと共に発表した『1ST』が証明してくれています」

これは冒頭のプロローグでコメントしてくれた音楽ライター氏だ。

「『1ST』はその名の通り、SixTONESの1stアルバムです。CDデビューから1年が経過した今、6人それぞれが力を合わせて完成させた作品は、シングル曲で見せた激しくエモーショナルな世界観にとどまらない、多彩なジャンルの楽曲が揃っています。ある意味、〝ジャニーズ〟という枠をまず取っ払うところから始めたかのような、彼らがやりたい音楽をやりたいように楽しんでいる作品。そんな印象を受けました」（音楽ライター）

何よりも大ヒットシングルを集めたベスト盤かと思うほど、クオリティの高い楽曲群。それまでのカップリング曲を含め、スタッフが集めた候補曲の中からメンバー6人で自らセレクトしたラインナップには、個々の趣味が如実に現れている。

「ロックミュージック至上主義の京本大我くん。トロピカルハウスなど、海外のトレンドに敏感な森本慎太郎くん。ヒップホップに傾倒し、自身がパーソナリティを務めるラジオ番組『SixTONESのオールナイトニッポン　サタデースペシャル』で即興ラップを披露することもある田中樹くん。多様性を誇るSixTONESのメンバーたちの嗜好と共通点のなさが、むしろSixTONESの音楽性を豊かにしている。ラウドロックなオープニングナンバーからEDM、ヒップホップ、R&B、ピアノロック、王道のバラードまで、メンバーの趣味全開の楽曲たち。これを1stアルバムでやれてしまうところにも、SixTONESの音楽に対する〝幅〟を感じさせてくれます」（同音楽ライター）

それまでに彼らは『Imitation Rain』『NAVIGATOR』『NEW ERA』という3枚のヒットシングルをリリースしているが、これらはあくまでもSixTONESサウンドへの入り口であり、彼らの〝本性〟はアルバムから感じられる多様性にある。

そしてその多様性こそが、〝世界〟に向けて発信する彼らの強い意思なのだ。

「アイドルであるSixTONESには〝大した音楽は作れない〟などと、彼らを杓子定規な色眼鏡で見ている音楽ファンは、この『1st』を聞いて衝撃を受けるべきです。このアルバムを聞けば、本当はジャニーズ事務所がSixTONESに何をやらせたいのか、何をやりたいのかがわかる。Snow Manがアクロバットを武器に〝視覚〟で刺激するグループならば、SixTONESはストレートに音楽を武器に〝聴覚〟を刺激する。僕には2組のエンターテインメントの指向性の違いを、より明確に表すためのアルバムだと感じましたね」（同氏）

SixTONESがJ-POPの殻を破り、世界へと発信したい音楽。

彼らは『1st』でその答えを示してくれた。

今、世の中に求められる音楽こそが、『1ST』に収められている楽曲なのだと。

そして涼しい顔で「これって良い曲っしょ」と笑える余裕に、底知れぬ奥深さを感じさせてくれる。

This is SixTONES――。

伝説の1ページは、いつも衝撃から始まるのだ。

SixTONES

6×∞

SixTONES

〔著者プロフィール〕
あぶみ瞬（あぶみ・しゅん）

長年、有名アイドル誌の専属ライターを務めた後、地下アイドルのプロデューサーとしても実績を残す。同時にアイドルのみならず、クールジャパン系の情報発信、評論家としての活動を始める。本書では、彼の持つネットワークを通して、SixTONESと交流のある現場スタッフを中心に取材を敢行。メンバーが語った「言葉」と、周辺スタッフから見た彼らの"素顔"を紹介している。

主な著書に『SixTONES To The WORLD —新しい時代へ—』『SixTONES ×6 —俺たちの音色—』『SixTONES × Snow Man —go for the TOP!—』『Snow Man vs SixTONES—俺たちの未来へ—』（太陽出版）がある。

SixTONES —無限の音色—

2021年5月5日　第1刷発行

著　者…………… あぶみ瞬
発行者…………… 籠宮啓輔
発行所…………… 太陽出版
東京都文京区本郷4−1−14　〒113-0033
電話03-3814-0471／FAX03-3814-2366
http://www.taiyoshuppan.net/

デザイン・装丁… 宮島和幸（ケイエム・ファクトリー）
印刷・製本……… 株式会社シナノパブリッシングプレス

ISBN978-4-86723-034-3

◆ 既刊紹介 ◆

Snow Man
俺たちの絆

あぶみ瞬［著］ ￥1,400円+税

『デビューする前に滝沢くんに言われたんです。
「チャンスの扉の鍵が開いていたら、
迷わずにその扉を開けて進め！」――って』〈岩本照〉

Snow Manの“知られざる素顔”――
Snow Manメッセージ&エピソード満載!!

【主な収録エピソード】

・岩本照が明かすSnow Manの“ターニングポイント”
・深澤辰哉の“Snow Man愛”
・「ラウール、ダンス好きか？」――中居正広からのアドバイス
・渡辺翔太が目黒蓮に贈ったエール
・向井康二の運命を決めた“1枚の写真”
・阿部亮平が目指すキャラは“そっち系”？
・木村拓哉から目黒蓮へ――期待を込めたメッセージ
・宮舘涼太とラウールの“お互いをリスペクトし合う”関係
・佐久間大介が信じる“本気の笑顔”の魅力

King & Prince
キンプリ★スタイル

谷川勇樹［著］ ￥1,400円+税

メンバー自身が語る想い、
それぞれの言葉に込めたメッセージ
彼ら自身が語った言葉と、
側近スタッフが明かすエピソードで綴る
――King & Princeの“リアルな素顔”――

◆ 既刊紹介 ◆

Snow Man —To The LEGEND—
～伝説へ～

あぶみ瞬［著］ ¥1,400円+税

『ライバルと戦う時間よりも実は自分自身と向き合い、
自分自身と戦う時間のほうが長い。
その覚悟が出来ていないと夢は掴めない』〈岩本照〉

『僕の人生は常に進行形“ing”で生きていきたい。
“Go”はあっても“Stop”はない』〈ラウール〉

“Snow Man の第1章”は、ここから幕を上げる──。

【主な収録エピソード】

- 岩本照が名前を挙げる“具体的なライバル”
- 深澤辰哉に囁かれる“ある噂”
- ラウールにまつわる“疑惑のエピソード”
- 渡辺翔太が明かす“ジャニーズ伝説”の裏側
- 『ドッキリGP』に懸ける向井康二の“真摯な想い”
- “クイズ王”ゆえの阿部亮平の知られざる苦悩
- 目黒蓮と向井康二の間にある“互いを認め合う強い絆”
- 宮舘涼太が模索する“料理キャラ”
- スーパーポジティブ佐久間大介が売り込む“めめラウ”
- Snow Manと堂本光一の“意外な関係”

HiHi Jets×美 少年×なにわ男子
NEXTブレイク！

あぶみ瞬［著］ ¥1,400円+税

NEXT デビュー& NEXT ブレイクを狙う
超人気ユニットの情報解禁 !!
メンバー自身の言葉、側近スタッフが明かすエピソード──
次世代を担う3組の“知られざる素顔”が満載 !!

◆既刊紹介◆

Snow Man
―俺たちの歩むべき道―

あぶみ瞬［著］ ¥1,400円+税

『この９人から誰一人欠けることなく前に進みたい！
俺たちは“9人でSnow Man”だから――』

彼ら自身が語った言葉と、
側近スタッフが明かすエピソードで綴る！
Snow Manの今、そして未来――

【主な収録エピソード】

・メンバーしか知らない“リーダー岩本照の素顔”
・深澤辰哉と岩本照――２人の間に育まれた“深い絆”
・滝沢プロデューサー流“ラウール育成法”
・渡辺翔太が心待ちにする“後輩ライバル”
・“心友”から向井康二へのエールと絆
・櫻井翔が注目する阿部亮平の才能
・二宮和也との共演で芽生えた目黒蓮の夢
・宮舘涼太が抱えていた“笑顔”の悩み
・佐久間大介にとっての“人生の師匠”

嵐　next stage
―21年目までの嵐、22年目からの嵐―

矢吹たかを［著］ ¥1,400円+税

『僕にとっても、嵐は夢でした。
“いつかこの夢の続きを出来たらいいな”――と思います』
〈松本潤〉

活動休止――“その後の嵐”
メンバー自身の言葉と側近スタッフの証言から、
メンバーそれぞれの内面に迫る！
テレビ等のメディアが伝えない“嵐の真実”を独占収録!!

◆ 既刊紹介 ◆

Snow Man vs SixTONES
―俺たちの未来へ―

あぶみ瞬［著］ ¥1,400円+税

『何があっても俺がSnow Manを引っ張る。
それを改めて8人が認めてくれるような、
そんな男にならなければいけない』〈岩本照〉

『メンバー6人で、誰も見たことがない景色を見てみたい。
SixTONESをそこまで高めるのが俺の役割』〈ジェシー〉

ユニット結成からデビューに至るまでの葛藤、
デビューまでの舞台裏と今後の戦略、
メンバー間の結束と絆――
彼らの知られざる素顔が満載！
側近スタッフしか知らないエピソード解禁!!

SixTONES × Snow Man
―go for the TOP！―

あぶみ瞬［著］ ¥1,400円+税

『“6つの個性がぶつかり合って1つの大きな力が生まれる”
――そんなグループになりたい』〈ジェシー〉

『Snow Manは一つの船で、その船に数え切れないほど
たくさんの夢や希望を乗せ、大海に船出する。
俺たちがどこに向かうかによって、
たくさんの夢や希望の“未来”も決まる』〈岩本照〉

今、“頂点”目指して駆け上る、SixTONES、SnowMan
彼ら自身が語った言葉と側近スタッフが明かすエピソードで綴る
SixTONES、Snow Manの“知られざる素顔”!!

◆ 既刊紹介 ◆

SixTONES To The WORLD
—新しい時代へ—

あぶみ瞬［著］ ¥1,400円+税

『いつか必ず、誰だって逆風にさらされる。
たとえば俺が「本気で世界進出を目指す」と宣言したら、
その瞬間に秒速何10ｍの向かい風が吹く。
だけど俺は倒れない。前に進む』〈ジェシー〉

メンバー自身が語る想い、
それぞれの言葉に込めたメッセージ——
“知られざるエピソード”満載
SixTONESが切り拓く新しい時代が今始まる！

【主な収録エピソード】

・SixTONESが踏み出す“アーティスト同士の戦いの場”
・ジェシーが明かした“意外な目標”
・京本大我が語る“生歌”へのこだわり
・京本大我 vs 髙地優吾の“あざとさNo.1対決”
・“役者・松村北斗”にとっての大切な教訓
・松村北斗を刺激する“同期”の存在
・髙地優吾が熱く秘めたリーダーとしての“闘志”
・相葉雅紀と共に叶えたかった髙地優吾の夢
・嵐からSixTONESへ——森本慎太郎の“野望”
・“メルセデス森本”に迫られる究極の選択
・アルバムタイトル『1st』に込められた真の意味
・田中樹が認める“ライバルグループのエース”

太陽出版
〒113-0033
東京都文京区本郷 4-1-14
TEL 03-3814-0471
FAX 03-3814-2366
http://www.taiyoshuppan.net/

◎お申し込みは……
お近くの書店にお申し込み下さい。
直送をご希望の場合は、直接小社宛にお申し込み下さい。
FAXまたはホームページでもお受けします。